挺直小脊梁

主　编：刘　青

副主编：吴慧敏

编　委：邓代玉　张　萌　李占静　郭慧慧

　　　　高　青　唐春燕　张建梅　陈　伟

　　　　刘　燕　杨　光　马　燕

军事医学科学出版社

·北　京·

图书在版编目（CIP）数据

健康日记.挺直小脊梁/刘青主编.
—北京：军事医学科学出版社，2012.3
ISBN 978-7-80245-914-4

Ⅰ.①健… Ⅱ.①刘… Ⅲ.①中小学－健康教育
Ⅳ.① G479

中国版本图书馆 CIP 数据核字（2012）第 031807 号

策划编辑：易 凌 **责任编辑**：曹继荣 **责任印制**：丁爱军
出 版 人：孙 宇
出 版：军事医学科学出版社
地 址：北京市海淀区太平路 27 号
邮 编：100850
联系电话：发行部：（010）66931049
编辑部：（010）66931127，66931039，66931038
传 真：（010）63801284
网 址：http：//www.mmsp.cn
印 装：中煤涿州制图印刷厂北京分厂
发 行：新华书店

开 本：710mm×1000mm 1/16
印 张：10
字 数：161 千字
版 次：2012 年 8 月第 1 版
印 次：2012 年 8 月第 1 次
定 价：16.80 元

前　言

　　随着社会的发展，青少年学生的健康开始受到广泛关注。他们是祖国的花朵，标志着祖国的未来。健康的体魄和积极的心态需要从青少年抓起。

　　肥胖是影响青少年学生身心发育和智力发育的关键，甚至还会影响其性发育。目前，青少年慢性疾病的发病率也显著上升，动脉硬化、脂肪性肝硬化、2型糖尿病、高血压等疾病呈现低龄化趋势。一些如乳腺癌、结肠癌等和成年肥胖有关的疾病在青少年时期就埋下了隐患。至今，如果还有些家长认为孩子吃得越多越好，长得越胖越好，那就非常危险了。事实上，平均50%的肥胖儿童到成年时依然肥胖，特别是10～13岁的肥胖儿，到了30岁时将有80%以上的人发展成为大胖子，将来可能会出现不同程度的性发育延迟、矮小等问题。

　　眼睛是心灵的窗户。越来越多的家长在关注孩子学习成绩的同时，忽略了视力问题。学龄儿童或青少年长期用眼不当或照明不足等因素，容易引发假性近视。假性近视不是真性近视，如果及时妥善地给予治疗是能够恢复视力的。但如果不引起足够重视，假性近视就会变成真性近视。小小年纪鼻梁上就架起了小眼镜，既影响美观，又给生活带来极大的不便。

　　青少年处于生长发育阶段，心理还比较脆弱，随着社会对心理问题认识程度的提高，其心理问题也越来越受到广泛的关注。心理问题虽然属于心理范畴，但所有的心理活动都是建立在大脑的生理活动之上。因此，心理疾病有明显的神经生理基础。从青少年着手，以预防为主可有效防止心理疾病的发生。

　　青少年学生的牙齿问题不仅关系到美观，还关系到很多方面。青少年时期要定期检查口腔，如果牙列不齐、不注意口腔卫生，极容易产生牙龈炎等口腔疾病。这一时期是牙列不齐进行矫正的关键时期，而早期诊断、治疗、定期检查口腔十分重要。

最后，身高和脊柱的问题也是家长关注的问题。身高问题又和骨骼发育有着密切的关系。诸如睡眠、遗传、营养、运动等多方面的因素都会影响到孩子的身高。父母应抓住孩子的生长发育关键期，指导孩子合理活动，促进骨骼发育。

我们针对青少年学生成长过程中最容易出现的问题，精心策划了本套丛书，主要包括肥胖问题、视力问题、心理问题、牙齿问题、安全问题、身体骨骼发育问题等。本套丛书通过日记的形式，以孩子的口吻，直接展现出青少年的健康问题。在每个日记的后面，我们又添加了"贴心的话"和"专家提醒"两个栏目，"贴心的话"给青少年以心理安慰和关怀；"专家提醒"则从专业的角度分析此问题的解决方案和有效措施。本套丛书不仅适合家长阅读，更适合孩子们阅读，希望能对广大青少年有所帮助，使祖国的花朵健康苗壮地成长。

编　者

CONTENTS ▶

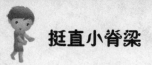

1．让一切从新开始

我是那种晚上睡不着，白天睡不醒；早晨不想吃饭，没到放学时间又饥肠辘辘，等中午该吃饭了又不想吃的人！

妈妈说，我个头长不高跟不规律的作息有关，应该好好调整一下。但是怎么调整呢？

有一次家长会回来，妈妈说，我们班上那个最高的同学是个非常活跃的孩子，不光在学校，在家也是如此。什么是活跃，就是爱动啦！他是很健康，我很羡慕他，拥有笔直的身材和几乎不怎么生病的健康体魄。

妈妈总结说，这个孩子的妈妈是个专家。她主张孩子多运动，运动充足了，孩子活动开了，就活力四射了。自然吃东西就多了，身体的吸收能力也增强了，脊椎骨的成长就会迅速了。因此，妈妈要全力打造一个新的我。

可是，这么多年的习惯养成了，怎么打造呢？

妈妈首先找了我最喜欢的运动——游泳。因为自身条件有限，虽然喜欢，但一直不知道去哪里游泳，也怕这怕那。妈妈很简单，直接去会所办了张游泳卡，于是每天游泳成了我的锻炼方式。还别说，放学后游上一阵，身体感觉真的很舒服。吃得也好了，睡得也香了。一切似乎都重新开始了。

贴心的话

对于身材矮小的青少年朋友，除了疾病引起的身材矮小外，可以通过自己的努力把身高的生长潜力挖掘出来。怎么去挖掘，其方法就是寻找各种刺激脊椎生长的方式和方法，通过合理有效的方式促进机体的成长。

儿童的生长少不了适量的运动。运动不足的孩子白天没有食欲、总瞌睡，晚上睡不着，这样每天就会昏昏沉沉的。

运动能促进生长激素的分泌。它能使人熟睡，这样就能促进生长激素的分泌了。身体充分地运动后，食欲能够增加、晚上能够熟睡，到了早晨还能头脑清醒地自然起床，早餐吃得香、吃得饱，然后以良好的姿态开始新的一天。

 专家提醒

青少年时期保持良好的饮食习惯和生活习惯是非常重要的。关于调整饮食和生活方式，有下述建议可供参考：

1. 合理饮食，不偏食、不暴饮暴食。既要保证充足的营养，又要适当节制。不抽烟，不饮酒。

2. 生活要有规律，睡眠要充足、定时，最好睡硬板床，枕头宜低于5厘米。

3. 注意自身保健，无病防病，有病早治。读读关于矮身材研究及与身高生长发育相关的书，读不懂可请教医生，增长知识，用科学指导自己的行动。

4. 保持身心健康。丰富的文娱生活，稳定的情绪，有利于生长发育。

5. 选择合适的运动。运动是否合适要考虑的问题很多，运动量过小或过大都不会使身高增加，前者因刺激不够，后者则因刺激过度反而对身体有损害，一天完成一千次跳跃和过量的重杠铃举重练习，甚至可阻碍长骨的生长。成功取决于不同练习的正确结合。

2．我的运动长高观

我个头不高，因此，不喜欢去参加运动。因为无论我怎么努力，在运动方面都不如其他同学。因此，我好好学习，成为老师喜欢的那个学生就知足了。

可是，妈妈不这么认为。她说："无论学习还是运动，都是人生一大乐趣。你不能拥有了这个，而失去了那个。如果你觉得自己运动不如别人，则更要加强运动。同时，你要避免和他人作比较，你只要享受运动的乐趣就可以了。"

后来，我发现爱好打篮球的同学个头都挺高的，但也有同学说："是个高的同学都

去打篮球了。"我妈妈说："这是因为运动可以使脊椎变得更坚挺，从而长得更长，身高自然也就上去了。"

我是那么渴望长得高一些，因此我也多运动，这样不就能逐渐长高一点了吗？妈妈说："你也别把眼光总放在长高上，即使不能长到你满意的高度，也可以获得笔挺的脊椎和健康的身体，不是吗？"

恩，我下定决心，要去做一些利于长高的运动，获得强壮的脊椎和身体。可是，除了篮球，还有哪些运动利于长高呢？

贴心的话

关于身高是否如意，主要取决于几个因素。首先，是遗传因素，占70%。虽然数据如此之高，但也不是说父母矮小，孩子一定就矮小；其次，还与其他的因素有关，如运动。除了运动之外，还应关注关键期的成长。

在青春期发育过程中，何时身高长得最快呢？研究证实，绝大多数中国汉族儿童的身高突增高峰为女童12岁左右、男童14岁左右；90%以上女童身高增长最快的年龄在11～13岁之间，男童为13～15岁之间。为了让孩子长得高一些，家长尤其应注意孩子在生长快速期的营养、运动等问题。

专家提醒

增高方法有很多种，适合自己的才是最好的，矮身材的孩子们不要盲目选择。同时，要理解长高的原理，从而对症下药。对于处在成长期的青少年来讲，合理的运动、充足的睡眠、均衡的营养都很重要。

人的身高，大部分取决于下肢长骨、脊椎。骨骼的生长需要依靠生长素，在生长激素的作用下，软骨细胞分裂和增殖形成持续的骨细胞，骨骼变长。之所以说多运动能长高，其原理是运动时可以拉伸关节，刺激身体分泌生长激素。多做跳跃性运动，如打篮球、跳绳等，以及那些帮助伸展身体的运动和小游戏，都有助于幼儿长高。

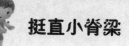

3．我自创的增高训练

我已经17岁了，可是身高还是初中时期的1.69米，此时很多同学都已经超过1.70米了！记得初中那会，我热衷于武术训练。每天白天的训练非常辛苦，晚上回到寝室里又比较吵闹，没法好好睡觉。第二天早晨起来，又要进行晨练。这三年里，我从来没有关注过自己的身高。

等17岁的时候，高中的我开始关注班里的女生了。我喜欢的那个女孩也1.69米，这时我才从内心产生了强烈的长高愿望。于是我制订了详细的训练计划。

我每天早晨5点半就起床，到操场上慢跑热身。先练习甩臂，然后放松；接着单杠引体向上8个后再挂20秒，再上引4个后再挂20秒；绑2斤沙袋悬挂20秒后上引1个，放松1分钟；蛙跳25个一组，跳两组，然后抖抖身体放松5分钟。锻炼完回去后洗个热水澡、吃早餐。

我坚持中午休息30分钟，下午慢跑30分钟，再做一些跳绳之类的弹跳运动。

晚上我听着轻音乐入睡，自己告诉自己：我要长高。

1个月后，我长高了3厘米。我很开心，不知道这么坚持下去，会有什么样的效果。

运动可以拉伸关节、脊椎，可以增高。这个理念没有问题。但是超强运动往往会阻碍骨骼的发育。比如故事中的孩子练习武术的强度估计超过了他身体所能接受的范围，加上寝室环境不好，他不能很好地入睡，造成了发育的延缓。之后他的调整是没有问题的，但是也要注意适度、适量。同时，增加营养和睡眠的质量。只有三者齐头并进，才能起到很好的效果。

一般来说，无论男女，进入18岁，生长就非常缓慢了。18～20岁以后，身高将会增长得更加缓慢或停止增长。此时，若还想增高，需要通过加强锻炼和营养、睡眠来实现。

首先，营养方面是必须要注意的，少吃一点没有问题，但是一定要均衡。该吃的都要吃点，并保证足量。在18岁之前，无论男女，都不要减肥。

蛋白质：每天都要摄取一些，可以从鱼、肉、蛋、豆类、牛奶和海鲜类中摄取。

钙质：可以从牛奶中摄取或者补钙。

铁：可以吃一些瘦肉和动物肝脏，蛋黄和一些深绿色的蔬菜中含铁量非常高。

锌：海鲜中以牡蛎为首，同时，肉类、肝脏、蛋及小麦胚芽中含锌也非常丰富。

维生素D则是另一个令骨骼强健的营养素，除了可以从牛奶和鱼类中摄取之外，每天晒10～15分钟太阳，机体也可以自行合成维生素D。

其次，要养成良好的睡眠习惯。不要熬夜，有时睡觉的时候腿可能会蹬一下，那便是增长的预告。

每天养成晒太阳的好习惯，骨骼似乎和植物很相像，享受一下阳光的滋润对身高有一定的影响。

在运动方面，选需要跳跃的运动，如篮球等。每当新的一天，人的关节处会产生一种物质。经过一天的磨合，它将会消耗，通过运动将此消耗降到了最低，使得睡眠时候将其稳固吸收到骨骼中。这就是有的人会问为什么自己早上比晚上高一些的原因。

最后，希望大家也不要太看重身高，不要因为自己矮就产生自卑心理。要好好树立自信，自己在身高上没有优势，那就用其他的长处去弥补。你会发现自己拥有的东西比身高要多得多。

4．弹跳让我更高更直

《灌篮高手》第一集7分20秒，晴子说："扣篮就是用手（双手单手都可以）拿着篮球扣进篮框里。"就是这么简单的一句话，却让15岁的我犯难好久。

酷爱篮球的我，有着175厘米的身高，但是腿部的爆发力不足。老师说要想实现灌篮高手的梦想，就要多进行弹跳训练。他建议我先练习蛙跳。我每天早晨，先是在不用杠铃的情况下练习蛙跳，之后拿杠铃练习。我很卖力地练习，想着学会影片中那些灌篮的花样打法。这是一种多么刺激的、能使观众情绪高

昂的打法啊！那股猛力往往让观看者担心，而篮球又能轻而易举地进去，篮圈也不会掉下来。那种感觉多么有成就感啊！

于是，我夏练三伏，冬练三九。为期1年的训练结束后，我发现，我的灌篮水平并没有达到我想象中的神奇水平，有点灰心丧气了。但是妈妈却很开心，因为她发现我这一年长高了很多，已经长到179厘米了，而我只有15岁啊！

当我回过神来发现自己的身高后很惊讶。难道是弹跳运动使我长高了吗？不能成为灌篮高手，成为高个子男生，那种感觉也很不错啊！

喜欢弹跳运动的孩子，不但发育良好，身体健康，而且智力也会得到提升。运动最健脑！这是时下美国颇为流行的一句口号。运动医学专家的解释是：运动能使大脑处于最初的启动或放松状态，人的想象力会从多种思维的束缚中解脱出来，变得更加敏捷，因而更富于创造力。同时，运动还能促进脑中多种神经递质的活力，使大脑思维反应更为活跃、敏捷，并通过提高心脑功能，加快血液循环，使大脑享受到更多的氧气和养分，从而达到提升智力的作用。

专家提醒

弹跳是一种震动性运动，医学研究表明，人的生命与健康离不开振动。因为人体本身就是由一系列振动系统构成的，如胃有规律地收缩、肠不停地蠕动、心脏不息地搏动、肺的呼吸吐纳等。如果孩子常做弹跳运动，将这种"外源性"振动与"内源性"振动结合起来，健身与健脑的效果会更加突出。

弹跳同时也是一种有氧运动，从运动医学的角度来看，凡是有氧运动皆有健身、健脑的作用，尤以弹跳运动为佳。以孩子们最乐于尝试的跳绳来说，跳绳以下肢弹跳及后蹬动作为主，并带动手臂、腰部、腹部的肌群运动，促使呼吸加深加快，吸氧增多，二氧化碳排泄加速，加上绳子刺激拇指穴位，两脚心不断地被地面按摩，通过足反射区刺激大脑，思维、记忆、想像力大增。再说舞蹈，可锻炼并提升大脑对外界信号的敏锐度与记忆力。调查表明，坚持学习舞蹈的孩子，其文化课成绩都比较好。同时，弹跳运动对骨骼、肌肉、肺及血液循环系统都是一种很好的锻炼，从而使孩子长得更高、更壮、更健康。

5．举重，会使我更矮吗

上初中的时候，因为我力量比较大，被老师吸收进体育特长生的队伍里。当时我的项目是举重和铅球。一开始，我还挺兴奋的，因为自己与众不同嘛！整个学校练习这个项目的就俩同学，我是其中之一。老师还说，练习这个项目的人少，因此考学更加容易。

但是我的家长并不赞成我练习举重和铅球。一开始我还以为他们是担心影响学习，我跟他们信誓旦旦，绝对不会影响学习的。但是他们只是摇头。后来，随着我练习日子的增多，我发现妈妈开始关注我的身高了，几个月就测量一次，每次都叹气。我问她原因，她说害怕练习这个影响了我的身高。

后来我跟同学聊起这件事，我觉得没有什么科学依据，只要是运动对身体都是有好处的，怎么会影响身高呢？可是同学犹豫了一会说："我觉得你妈妈的想法是有道理的，你看那些运动员，练举重和铅球的，不是都不高吗？"我一下愣住了，还真的是这样啊！难道这些人都是因为练习举重和铅球变成矮身材的吗？

我该怎么办？我已经练习半年了，就这么放弃吗？我也不想变成矮子啊！

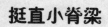

与成人相比，运动使少年儿童的收益更大，奥妙在于孩子的大脑正处于发育状态，运动发挥的作用能得到更大的回报。因此不管什么运动，都是促进长高的，。

但是，国家队在选择举重运动员的时候可能会偏向一些个矮的，这是因为高的举重运动员，自己重心高，举起的高度比别人要高，对于几百千克的杠铃来说一点优势都没有，所以举重一定不要高的。那些人不练举重也长不高。

故事中的同学在练习铅球和举重，如果是自己的喜好，是可以继续的。这些并不会影响你的身高。只是，如果你想拥有更健康的身体，在保持练习不超负荷的情况下，还需要增加别的运动，比如伸展运动、弹跳运动等。

同时，需要增加营养和睡眠。多吃一些富含蛋白质、维生素、钙质的食物，每天晚上10点要进入深度睡眠。

这并不是说练习铅球和举重会影响你长高，而是说，铅球和举重并不是很适合用于锻炼身体。适量的重量对肌肉发育很好，但竞技举重都是超负荷的，举重运动员很少没有颈椎、关节病的。如果你喜欢这个，为此付出还是值得的。如果仅仅从锻炼身体的角度考虑，还是不建议超负荷进行此类运动。

6. 小腿和脊椎的锻炼让我变得高挑

相比那些父母很高的同学，我算比较幸运的。我父母都不高，但是我的身高却让我极度满意。

说到这些，还要感谢我的妈妈。她是个喜欢运动的人，这个爱好自然也带动了我。我俩的运动是以小腿和脊椎锻炼为主的。基本上每天坚持。我妈妈身材不高，但是体型非常漂亮。我从小跟着妈妈练习，因此身高和体型都相当好。

每天早晨我们进行热身运动。其实也就是把四肢各个关节打开，脊背保持平直，上体前倾，双臂伸直用力向后上方挥动；热身完毕后大幅度摆臂，用力地向前走，接着小步跑，同时双拳放在肩上，双臂屈肘向前旋转；快速跑跳25～50米，重复4～6次，每次之后稍休息；然后我们双臂上举，向各个方向抻拉，同时踮起脚后跟，重复6～8次，中间稍休息。

我们小区有单杠，我们每天在那练习1分钟，同时身体向右、左转动，双脚并拢，身体向前、后摆荡，顺时针或逆时针方向摆荡。

我妈妈还研究了几个跳跃式运动，比如：

跳跃式引体向上：下蹲，脊背保持平直，向上跳起，抓住单杠，并利用跳跃的惯性做引体向上（单杠的高度和双手的握距因人而异）。每次重复6～8次。

跳跃：向上跳，逐渐增高，达到一既定高度；从稍高的地方向下跳；下蹲跳起。做30～60个不同姿势的跳跃，双脚用力蹬地。可选择练习，但一开始就要按规定数量做，逐渐加大运动量。

每节操做完后应稍事休息一下，使呼吸平稳，四肢放松。整套操做完后，平躺在地板上，绷紧背部和臀部肌肉，微微挺腰。

我们每周坚持3次，每次35～45分钟。自从我上小学开始，我们就如此了。这个练习坚持了6年，我今年15岁，已经170厘米了。

贴心的话

一般来讲，个子高的父母生的孩子个子高的可能性大，个子矮的父母生的孩子矮个的可能性大，但是遗传对身高的影响不超过80%。据统计，孩子的身高从父亲那里遗传35%，从母亲那里遗传35%，剩下的30%取决于环境。与这个数字对相应，高个子的父母生下的孩子70%的几率是高个，相反，矮个子的父母生下的孩子70%是矮个。还有一种说法是孩子长的高还是矮，与母亲的身高关系更密切一些。

专家提醒

人说身高一半靠遗传，一半靠自身努力。这个是有科学依据的。人的潜力是巨大的，后天因素主要包括以下几个方面：

饮食：提供身体生长发育的原料，人体需要多种营养来满足身体生长发育的需求。骨骼的主要成分是磷酸钙和骨胶原，所以钙元素在骨骼的生长发育过程中起着举足轻重的作用，如果不能提供足够的钙元素，正如"巧妇难为无米之炊"那样，身体也会很无奈。

运动：运动会增加细胞的活力，刺激肌肉和骨骼的生长。

睡眠：充足有效的睡眠有助于身体的生长，因为促进身体生长的激素生长因子是睡眠中分泌的，所以睡眠不足、睡眠质量差，对身高有负面影响。

先天因素决定基本身高（预期身高），而后天因素决定预期身高的加减。如能很好地满足身体生长的需要，身高会高于预期，反之，会低于预期。

7．悬垂法，拉伸脊椎长高法

为了身高的问题，爸爸妈妈不知道操了多少心。市场上那些增高的药物和器械，一个也没少买。但是效果并不是很好。无奈之下，他们都有点灰心丧气了，觉得我可能注定长不高了！因为我已经15岁了，是个女孩子，在很多人的眼里，15岁的女孩子可以再长高的概率太低了！

但是，我有一个同学，她也是女孩子，也是15岁了，却很神奇地半年长高了5厘米。我父母似乎又突然看到了一个希望，马上去请教人家，得到的答案竟然是对方进行了悬垂法训练。我父母回来不断感慨，说这个不错，不花钱不吃药，效果还不错。建议我也试试。

具体做法如下：

双手紧握单杠，使身体悬空下垂，下垂时以脚尖能轻轻接触地面为佳，然后做引体向上动作。男孩每天可做10～15次，女孩每天可做2～5次。练习的要领是：引体向上时呼气，慢慢下降时吸气。练习做完后，要走动走动，使肌肉放松。待手部放松后再用力紧握拳头，随后松开手指，接着闭眼、张口、舒展眉头，放松面部肌肉，然后再使背部和臂部的肌肉放松。总之，要学会最大限度的用力和最大程度的放松。

在练习悬垂法一段时间后，可以在此基础上进行悬垂增量，方法是先悬垂20秒钟，然后双腿各系上5千克的沙袋，再悬垂20秒钟；之后穿上10千克重的铁砂背心，再悬垂15秒钟。不过，时间和重量不是绝对的，可因人而异。

这个方法我看了几遍就学会了，所需的时间也不长，不管有没有效果，健身的效果肯定是有的。因此，我打算坚持下来试试。

贴心的话

除了悬垂法之外，还建议青少年每天喝一杯牛奶，这对长高也有很大的作用。赖氨酸对促进生长发育有着举足轻重的影响。青少年对赖氨酸的需求量比成人高5倍。除了蛋白质以外，钙质和维生素也不可忽视。奶类、豆制品、鱼虾、瘦肉、骨头汤内含有丰富的钙、磷等无机盐，新鲜蔬菜则含有大量的维生素。此外，充足的睡眠、愉快的情绪均可使生长激素分泌增加，青少年对这两方面也要注意。

专家提醒

根据研究发现，生长板受到过度的压迫会造成生长迟缓，适度且间断性的压缩或伸展生长板，却可以刺激它生长。但是过度的训练如体操、举重反而会妨碍生长，医师建议在成长阶段最好能避免。生长是软骨细胞不断分裂增殖的过程，而促使软骨细胞分裂增殖的主要动力源是脑垂体分泌生长激素。

悬垂运动本是体操动作之一，指人体肩轴低于器械轴并对握点产生拉力的一种静止动作。只用手悬垂于器械的，称"单纯悬垂"，如单杠上的悬垂。手和身体的一部分同时悬垂于器械或接触地面的，称"混合悬垂"，如单挂膝悬垂，是器械体操练习的基本动作之一。健康专家发现，这种运动对增加身高很有帮助。因为脊椎处于放松的状态时，更利于其生长。

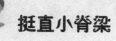

8．喝牛奶喝出来的漂亮脊椎

我是一名初中女生。从小就看着妈妈的漂亮衣服发呆，渴望着有一天我也能穿上那么漂亮的衣服，显示自己曼妙的身材。可是妈妈说：想要好身材，就要学会养护脊椎。

脊椎是啥？后背？

脊椎亦称脊柱、脊梁骨，由形态特殊的椎骨和椎间盘连接而成，位于背部正中，上连颅骨，中部与肋骨相连，下端和髋骨组成骨盆。自上而下有颈椎7块、胸椎12块、腰椎5块、骶骨1块（由5块骶椎合成）和尾脊骨1块（由4块尾椎合成），共26块（成年人）独立的椎骨。脊椎内部自上而下形成一条纵行的脊椎管，内有脊髓。

看来脊椎不仅对体形有利，对健康更有利呢！我要像妈妈那样养护好自己的脊椎。妈妈给我介绍了很多方法，比如要进行一定的锻炼，要坚持每天按时休息，要坚持保持一个正确的姿势看书和学习……听多了，就都记不住了，觉得好麻烦。我最喜欢喝牛奶这个方法了，简单又省事。

妈妈说，她坚持每天一包牛奶已经有10几年了，也坚信自己的身材越来越好跟牛奶有很大的关系。因为人的年龄一大，钙就很容易流失，而牛奶为身体补充了大量的钙。我想，我还是个小孩子，喝奶更应该可以为我的小脊椎补钙，使它更健康的成长。

牛奶中丰富的营养成分补充了骨骼必需的钙和磷，保证了体内钙、磷代谢的平衡，维护了运动系统，即骨骼肌肉系统的正常生理与运动功能，所以喝牛奶能强筋健骨，预防骨质疏松和腰背痛的发生。

但牛奶也不是喝得越多越好，也不能不加选择地饮用。普通牛奶中含有饱和脂肪酸，摄入过多会增加血中胆固醇的水平，导致动脉粥样硬化，所以中老年人最好选用脱脂奶。牛奶也不宜与菠菜、浓茶等同时食用，后者含有的草酸、鞣酸等成分与牛奶中的钙形成不溶于水的草酸钙沉淀，影响钙的吸收。牛奶加热过程中应不断搅拌，防止磷酸钙沉淀，保证钙、磷可被利用。在睡前喝牛奶还有帮助入睡的作用，效果很好。

专家提醒

处于青少年时期的女学生爱美和健康，这个可以理解。但是在选择方法的时候也要注意多样性。这样才能共同发挥作用，让自己的身体吸收更多的营养。

脊椎是骨骼的一部分，骨骼的生长需要充足的营养，诸如钙、磷、铁、锌、蛋白质、维生素等。健康漂亮的脊椎需要的不仅是钙，还需要相关的运动来促进它的健康。建议爱美的女学生每天补充充足的营养，进行适量的锻炼，保证充足的睡眠，只有这些统统加在一起，才能拥有漂亮的脊椎。

9．身材如此优美的秘密

我的体型很好，妈妈经常对着我说：真美。我也爱看自己，因为挺拔，看上去身高比实际要高出很多。

可是，妈妈说，我小时候并没有这么优美的体型，甚至4岁的时候腿还有点弯曲，看上去不是那么好看。后来，妈妈给我报名学舞蹈，练了几年，就像现在这样了。想起来那曾经的岁月，我要感谢一直支持和鼓励我的妈妈。

回想起来，学习舞蹈很辛苦。身为女孩子，我的吃苦能力比较弱。在艰苦的学习过程中，很多同时学舞蹈的女孩子因为吃不了苦而产生了畏缩的心里。我刚开始的时

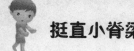

候也是如此，一开始兴致十足，后来回家就哭，压腿太疼了，我怎么都压不下去。但父母决定让我学习舞蹈的信心就没有动摇和改变过。他们总在我获得成绩的时候给予表扬和鼓励。慢慢的，我的信心就很足了。当我树立起很大的信心后，坚持下去就很容易了。那个时候最美好的事情就是学会一样本事回家向父母炫耀，比如："妈妈，我会下腰了！"妈妈放下手头的工作，表现得很开心，"真的吗？能给妈妈下一个看看吗？"

妈妈的这些话，总能给我很大的鼓励。我认真地学习每个环节，直到我的腿变直了，身材越来越优美了。

贴心的话

有的家长说，如果孩子有兴趣，我就让他去学习。如果他兴趣丧失了，那就撤出来重新开始。这样的看法或许有一定的道理，一切都顺其自然。但是，有些时候往往是遇到困难后的退缩。比如孩子不愿意继续下去，是因为孩子自己没有了信心。不管孩子是否学成，父母培养孩子的信心是很重要的。作为青少年时期的孩子，我们也要学会给自己打气。

专家提醒

如果你没有学过舞蹈，怎么保持优美的体型呢？事实上，优美体型的塑造是一个长期的过程。请保持以下饮食的方法和原则，你也一样可以拥有优美的体型哦！

1．慢慢吃：慢慢地边吃边欣赏味道，可以减少空腹感。观察身材苗条的人，其用餐总比狼吞虎咽的人花了加倍的时间。

2．多喝水：水不含有热量，绝对不会胖的，当想喝茶或饮料时，不妨以水代替，水会洗掉体内的不净物，使你的肌肤更漂亮。

3．生吃：油腻的调味汁是发胖的原因，所以要避免，尽量以自然的味道来饮用食物。

4．沙拉：沙拉对美容有很大的效果，然而沙拉卡路里高，最好以热量较少的一种白色调味汁或柠檬汁来取代。

10. 是作业让我的脊椎劳累吗

自从上了初三，我总觉得自己像个机器。早晨5点起床、吃饭，去学校上那节增加的课，然后早读，接着是早操及各种课程。课间那宝贵的15分钟，也被老师霸占去了。我们又不能有所埋怨，老师牺牲了自己的休息时间来给我们加课，我们还有什么好说的？只能接受吧！

每天上完晚自习，明明已经很晚了，老师还会布置好多作业。这科老师布置一些，那科老师布置一些，我的天呐！每天上完课回到家，真是叫天天不灵，叫地地不应。妈妈总告诉我：晚上10点前必须睡觉。怎么可能呢？有很多时候，10点，我才刚刚开始写作业啊？

最近总觉得腰疼、背疼。我才十几岁啊！这么下去，我非得腰肌劳损不行，说不定还会大病一场呢。该怎么办呢？

贴心的话

人体生长激素分泌最为旺盛的时间是深夜11点至半夜4点，如果能在这一时间段内熟睡，将有助于身高的增长。由于孩子进入睡眠状态大约需要30分钟，所以平时尽量让孩子在晚上10点上床睡觉，这样才能在深夜11点左右进入熟睡状态。对于初中和高中时期的孩子，可能熟睡晚点更好一些，但是也一定要在11点左右入睡，不能熬夜太久。

故事中的主人公说每天早晨5点就要起床，那就需要在晚上10点入睡了。如果作业过多，可以不在晚上完成，早晨加的早课里可以做。还有，如果实在感觉太多，可以和老师协商解决，建议老师别布置那么多作业。跟同学一起说，好好跟老师谈，分析一下时间的有无和高压力下的精神状态。有时，并不是作

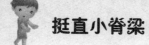
业越多成绩就越好。

脊椎病变往往与骨质疏松、脱钙有关，所以我们应该多吃含钙丰富的食品，如牛奶、蛋类和瘦肉等，重点补钙，纠正骨骼钙代谢的不平衡。

处于升学阶段的孩子，其压力自然是父母无法想象的。有的孩子能表达出自己的需求，有的孩子不善于表达自己的需求，一切都自己默默地承受。在这种情况下，父母就很难发现孩子的需求而去满足他。

因此，建议孩子有什么需要和不良感觉，尽量去跟父母沟通，这样才能帮助自己解脱。

当压力过大的时候，钙的流失自然也就多一些。此时建议熬一些骨头汤喝。骨头熬汤后，能溶解到汤汁的有效成分一般为钙、磷、脂肪和少量的蛋白质。骨头剁得越碎，熬汤的时间越长，溶解到汤里的有效成分就越多。喝骨头汤可以补充钙和磷等成分，改善钙、磷代谢，达到预防骨质疏松的目的。

但是骨头汤对骨质的补充还是很有限的，骨髓也含有大量的脂肪，脂肪摄入过多也可能会导致血脂升高，引发心血管疾病，所以进食骨头汤也应该适量。

11. 药物不能帮你长高

班里那个个头最矮的同学说：不出两个月，他就能变成全班最高的人！我们都很好奇，他得到了什么宝贝，可以夸下如此海口？难道那个日本动画片里的"机器猫"来帮助他了？那也太不可思议了！那只是故事而已。

后来才知道，原来他父母给他买了一种神奇的药，据说吃了之后可以长得很高。听了他的介绍，我很疑惑，像我这种中等身高的学生，吃了那个药之后，是不是变成巨人了？那身高本来就很高的人呢？不可想象！如果依此类推下去，整个学校都是巨人世界了？

怀着对身高的向往，我要求父母也买给我。妈妈一开始也说：要不买点试试？爸爸一口否定了：小孩子吃那东西对身体不好，高不高的无所谓，万一对健康有损害，怎么办？

我不同意爸爸的看法，年轻人总要搏一搏吧？吃了或许有长高的机会，不吃岂不是连机会都没有了？

就在我和父母纠缠的时候，那个吃长高药的矮个同学突然请假住院了。据说脊椎骨开始松散了。医生说：靠激素吃出来的长高，脊椎骨不会那么强壮，很容易出现问题。还是踏实地吃有营养的食物，加强锻炼，才能获得真正的身高和健康。

后来，我再也不让父母给我买什么药来长高了，而是买了一些科学长高、保护脊椎的书来看，希望能得到一些科学有效的方式和方法。

贴心的话

如果有药物能使身体长高，可能是所有方法中最受欢迎的。

但是，是药三分毒。虽然能使身体长高，可毕竟是药，再受欢迎也会对身体有不好的影响。处于成长期的我们应该使用科学的方式来长高。

专家提醒

甜食也限制身高。如果体内糖分过高，将导致生长激素分泌降低。因此，尽量不要让孩子吃过多的甜食，包括糖果、饮料等。除此之外，每天早晚要各喝1杯牛奶（每杯240～500毫升，依幼儿情况而定），孩子们要多补充蛋白质。如果担心牛奶的糖分过高，也可用无糖豆浆代替。

淡茶水，是青少年朋友可以选择的一种对脊椎和身高有利的饮品。茶叶中含有多种维生素，茶叶中所含的矿物质、维生素和类脂等物质为人体所必需，缺乏了就可能导致各种疾病的产生。茶叶还含有生物碱、茶多酚和脂多糖，这些物质有较强的药理作用，通过改善循环，兴奋神经系统，达到提高肌力、肌张力和耐

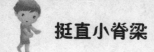

力、消除肌肉疲劳的作用；同时它还有促进新骨的形成，保护运动系统，预防和延缓骨质疏松症的发生、发展的作用。因此，长期适量饮用淡茶不但对健康有帮助，而且对脊椎疼痛性疾病的预防和治疗也是有益的。但是注意不要过量饮用，也不要在睡觉前饮用。因为其含有一定的咖啡因，对睡眠不利。

12. 为何不给我睡软床

昨天我和父母吵架了，心里很窝火。

主要原因是，父母在新年之际为自己买了新的床垫，那个舒服啊。我躺在上面都不愿意下来了。可是爸爸妈妈都不给我睡，说什么小孩子不能睡这么软的床。我躺在自己那个硬邦邦的床上，心里别提多难过了。他们口口声声地说爱我，可是为什么非要给我睡硬床，自己却要睡软软的床呢？

爷爷告诉我，从表面看，柔软的卧具睡上去很舒服，其实过于柔软的床垫对人体、特别是青少年有很大的潜在危害。爷爷说，他们现在年纪大了，有深刻的体会，在医院门诊，常可看到许多没有明显病变的就诊者抱怨经常腰酸背痛，经询问，大多是睡沙发床或软的席梦思床者。因为人睡在太柔软的床上，无论仰卧还是侧卧，床垫都容易变形，使人体受压部位下沉，导致脊椎弯曲或扭曲，改变了人体正常的脊柱弧度，使相关肌肉、韧带紧张，长时间得不到充分的放松和休息，从而出现腰酸腿痛的感觉。

长此以往，会加快肌肉劳损变性和脊柱骨骼的老化增生，并会产生某些脊柱疾病，加重病情或造成脊柱畸形。如颈椎病、腰椎间盘突出症、脊椎滑脱症、脊柱结核等患者睡柔软的床垫，可以使病情加重。

听了爷爷的话，我心里踏实了很多。爸爸妈妈是为了我好，才没有给我睡软床啊！可是，爸爸妈妈就适合睡软床吗？

贴心的话

太柔软的床对小儿的发育非常不利，因为处于生长发育期的小儿骨骼，受压迫时容易变形。孩子睡在松软的床上，仰卧时脊柱呈中间低、两头高的弧形，侧卧时向一侧弯曲，会使脊柱周围的韧带、肌肉和关节功能紊乱，天长日久，可发生驼背、脊柱弯曲变形和侧凸畸形，同时也不利于其他骨骼肌肉的发育。

同时，太柔软的床对老年人的健康也非常不利。老年人肺功能和心血管功能一般较差，睡在柔软的床上，仰卧时，胸椎明显凹陷，限制胸廓的扩大，影响肺脏的扩张膨胀，降低肺容量，导致血氧浓度下降。肺脏扩张受限还会使下肢和盆腔静脉血回流受阻，可能导致肺梗死、脑梗死等严重疾病。此外，老年人的肌肉和韧带弹性大大降低，调整功能大部分丧失，长期睡在柔软的床垫上，椎间盘容易向后滑出，挤压椎管内神经根，椎体之间出现移位，形成滑脱，使局部椎管狭窄，导致行走困难和腰腿痛。

家庭购买床垫时，应尽可能考虑到每个成员的不同情况。一般而言，床的长度最好比身高至少长15厘米，以便能在床上翻身自如；至于床垫的软硬度，应以舒服为主，具体而言，儿童的床垫稍硬一点较好，不宜太软，以免影响脊椎的正常发育。

青少年的床垫要软硬适度，床垫太硬或太软都会导致脊椎发育不良，在选择时，家长可用手掌感知一下，无论什么材质的床垫都可以，只要软硬适中即可。成年人最好选择根据生物力学设计的床垫，这样可以很好地缓解疲劳，改善睡眠。老年人尤其是消瘦和长期患病卧床的老人，应选择软硬适中和透气性好的床垫，以避免局部发生褥疮。

13．我要自己选张好床

放暑假的时候，我到同学家去写作业。我发现，同学有一张超级大的床。看上去太舒服了！可是，我的床好小呢。我也想要这么一张大床。

回到家，跟妈妈提起这个事情。妈妈深有感慨地说："我上初中的时候也希望自己能有张大床。翻来覆去的很享受。现在孩子的学习压力越来越大了，真的应该给你换张新床了。"

妈妈问："你想要什么床？"我说："大床。"

虽然我是看了同学的大床才想要换床的，但是我并没有想跟同学攀比，而

是实在觉得大床舒服过小床。可以在上面任意折腾，还可以放好多的书本和玩具在上面，有了更大的一片小天地。

爸爸搜集了资料说：不能买席梦思。松软的床好像很舒服和享受，但是从长久的健康角度来说，不利于孩子的发育。孩子身体因本身重量的压迫而形成四边高、中央低的状态，不仅增加了腰背部卧侧肌肉的张力，也势必使头颈部的体位相对升高，如同高枕睡眠对头颈部的影响一样，将导致局部肌肉韧带平衡失调，从而直接影响颈椎本身的生理曲线，长年如此将加速颈椎的退行性变，直接导致颈椎病的发生。

妈妈说，木板床虽然可维持脊柱的平衡状态，有利于颈椎病的防治，目前使用较多，经济实惠，但透气性稍差了一些。

我听着听着，突然想起来东北老家爷爷奶奶的大床，就大笑着说：如果可以，那就像东北的爷爷奶奶那样来个大火炕吧，烤着多舒服啊。

爸爸妈妈大笑不止。

最后，我宣布：我要自己选张床，不软不硬，舒服透气的。

软床不好，太硬的床同样也不好。硬板床木质坚硬，不利于小宝贝全身肌肉的放松与休息，容易疲劳，影响宝贝睡眠。

正确判别床的软硬度适宜的原则是，孩子仰卧时小屁股不会过于下陷。市场上出售的棕榈床垫既柔软又富有弹性，不仅可使孩子在睡眠时放松肌肉，而且不会影响身体的发育，是孩子较为理想的睡床。

如果最后选了硬的木板床，也不必紧张，可以在上面铺上松软的毛毯或褥子，弥补床面过硬的不足。一般以躺在床上臀部不下陷为适宜。

事实上，席梦思床垫不是不可考虑。有一种类似沙发结构的弹性床垫，放在床板上，可以随着脊椎的生理曲线有相应的调节作用。睡上去也非常舒服，同时又保持良好的透气性，对孩子的成长和脊椎的健康都有很好的作用。只是在挑选的时候，不要挑选过于软的床垫就可以了。

棕榈床垫虽然一开始有很好的透气性，又很柔软。但是随着使用时间的延长，编织棕绳逐渐松弛，弹性就逐渐减弱，易使头颈部的体位相对升高。因此，如果选择此类床，就要注意定期检查，发现弹性减弱，就要及时更新。

市场上较多的泡沫塑料床垫，其感觉甚为舒适，但其最大的缺点是通气性太差，不建议孩子使用。

14. 后背痛是怎么回事

我是个很爱学习的学生。我对学习的热爱不是大人强迫的，是我自己发自内心的爱学习。我觉得我的学习状态非常好。

可是，自从上了初三，我发现自己经常后背疼。一开始我并没有注意这些问题，后来后背疼的问题一直困扰了我一个学期。无奈之下，我告诉父母了，父母知道后带我去医院检查，但是什么问题也没查出来。医生说，可能是我太累了。

我想，我在家可是什么也不做呀，除了学习还是学习。妈妈心疼我，告诉我，别太卖力学习。可是，我并没有卖力学习啊，我对学习是很热爱的，学习对我来讲是非常快乐的，我并没有感觉到累啊！

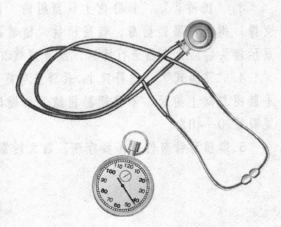

后来，老师说可能是我经常坐着的缘故吧。于是，他建议我课间出去运动运动。我按照老师说的做

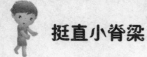

了，没想到一个学期下来身体真的舒服多了！后背也不疼了呢！

 贴心的话

　　同一个姿势均不宜保持过久，应常更换。建议伏案工作不宜一次持续很长时间，每工作1小时左右休息5～10分钟，颈部向各方向轻轻运动，让疲劳的颈部得到休息；其次，睡眠时枕头不能太高，因为颈部过屈对颈椎的休息不利，合适的高度应是与自己一侧的肩宽同高，一般是10厘米左右。

 专家提醒

　　每5个人中大约有4个人一生中至少会有一次背部疼痛，或由背部疼痛带动其他部位的疼痛。尽管背部疼痛并不像普通感冒那样严重，但却可以像心脏病那样使人变弱。避免这种情况的发生需要调整日常习惯：避免过度劳累，矫正不良体位，进行适当功能锻炼，防止肌肉张力失调。必要的时候需要一些理疗来帮助舒缓筋骨。

　　下面介绍一个对后背疼有帮助的锻炼方法：

　　1.腰部前屈后伸运动：两足分开与肩同宽站立，两手叉腰，做好预备姿势。然后腰部充分前屈和后伸各四次，运动时要尽量使腰部肌肉放松。

　　2.腰部回旋运动：姿势同前，腰部顺时针及逆时针方向各旋转一次，然后由慢到快、由大到小，顺、逆交替各回旋八次。

　　3."拱桥式"：仰卧床上双腿屈曲，以双足、双肘和后头部为支点（五点支撑）用力将臀部抬高，如拱桥状，随着锻炼的进展可将双臂放于胸前，仅以双足和头后部为支点进行练习，反复锻炼20～40次。

　　4."飞燕式"：俯卧床上，双臂放身体两侧，双腿伸直，然后将头、上肢和下肢用力向上抬起，不要使肘和膝关节屈曲，要始终保持伸直，如飞燕状，反复锻炼20～40次。

　　5.增加有针对性的体育疗法，如太极拳、保健体操等。

15. 可怕的脊椎骨折

上了初中以后，我就坚持自己骑车上学。我喜欢这种感觉，自己管理自己，不用爸爸每天早起开车送我上学了。我也能通过这种方式锻炼身体，心里特别开心。可是，我却忽视了交通安全。

那天，起床晚了，我连早饭也没有吃就骑车上学了。一路上，心里非常着急，只想着迟到了会被老师批评。结果在拐弯的时候没有看到后面的那辆车，被车迎着后背撞击而来，我一下从自行车上摔了下来，接着就坐在了地上，再也无法动弹了！

顿时，我的内心充满了恐惧，我不会被撞成痴呆或者瘫痪吧？

接着，我被送进了医院。医生说我是脊椎骨折，还要进行进一步的检查。

我看着爸爸妈妈的眼泪哗啦啦地流了下来，心里难受极了，不知道等待自己的将是什么……

脊柱骨折多见于男性青壮年，多由间接外力引起，为由高处跌落导致，跌落时臀部或足着地、冲击性外力向上传至胸腰段发生骨折；少数由直接外力引起，如房子倒塌压伤、汽车撞伤或火器伤。病情严重者可致截瘫，甚至危及生命；治疗不当的单纯压缩骨折，亦可遗留慢性腰痛。因此，孩子们无论是日常的生活，还是学校里的运动，或者像故事中的主人公一样涉及到交通的，都要非常注意安全问题。偶尔的疏忽，有时会带来永久的伤痛。

脊椎骨折是不可忽视的外伤，占全身骨折的5%～6%，胸腰段脊柱骨折多

见。它会使患者的行动受到限制，甚至会使骨骼向畸形发展，不全或者完全瘫痪等表现，如感觉、运动功能丧失、大小便障碍等，都有可能发生。脊柱骨折可以并发脊髓或马尾神经损伤，特别是颈椎骨折、脱位合并有脊髓损伤者，据报道最高可达70%，能严重致残，甚至丧失生命。

一旦确定是脊椎骨折，就要采取相应的治疗措施。同时，要警惕并发脊髓损伤，若保守治疗无效，行椎板减压、骨折复位内固定术。

16．脖子摔断了为啥不知道

我昨天看报纸的时候看到一个有趣的新闻，说的是英国14岁少年阿尔菲·泰森·布朗竟在颈椎骨折状态下生活了8年，最近才出现轻微不适感。而在此之前的多年内，他玩橄榄球、骑山地车、冲浪、滑冰……

据英国《每日邮报》报道，如今，布朗已接受颈椎骨复位治疗，并恢复行走。他的父亲说，"这简直是一个奇迹……一定有一颗幸运星照耀他。"

布朗生活在英国南部多塞特，从小爱好运动，经常进行冲浪和滑冰等剧烈运动，但从未感觉身体异常。

直至去年，他不时感到脖子痛，"有时四肢似乎并不完全受控"，甚至出现头晕症状。但他没想太多，"照常生活"。

一个月前，布朗在山路上骑车，突然失去平衡，跌倒在路中央。"那是我第一次意识到，可能身体的某个地方出了问题，于是去找我的保健医生。"他回忆说。

结果，体检报告显示，布朗颈椎断骨处已经移位，神经受到压迫。这看上去是多年前的旧伤，因为断骨处已经变得很光滑。

保健医生随即把布朗送到多塞特的普尔医院再次接受体检，结果发现，布朗的一块颈椎骨出现非正常移位，而手脚不协调、眩晕等症状很可能与此有关。医院要求布朗马上入院治疗。

布朗说："我吓坏了。我按约定日程去体检，以为一两个钟头后又能重返学校……突然之间，我被捆在病床上动弹不得，脖子戴上了一个颈箍。医生说我脖子断了，可我还不肯相信，因为我感觉一切良好。"

医生推断，颈椎上的伤大约是在布朗6岁时造成的。布朗承认，自己小时候"非常好动"，但无法相信自己"竟然断着脖子活了这么多年"。

看完这个新闻，我一身冷汗。我也是一个爱运动的男生，这些刺激的运动我也统统都喜欢，那么我会不会跟他一样，自己的脖子断了都不知道呢？

贴心的话

其实，如果颈椎断了，自己应该是有所感觉的，即使自己没有感觉，家人或者朋友也是可以发现的。因为颈椎和脊椎相连，如果颈椎断了，那么脊柱就会看起来有些弯曲。这些都是不能忽视的问题，要及时去医院找大夫检查。

专家提醒

故事中所讲的情况，其实现实生活中并不常见。常见的是双侧脊椎肩关节脱位：暴力使脱位的脊椎关节突超越至下一个节段关节的前方与上方，椎体脱位程度至少要超过椎体前后径的1/2，部分病例可有关节突骨折，但一般骨折片较小，临床意义不大。该类病例可有脊髓损伤。

17．为何会过伸性脱位

我和爸爸一起开车出去玩，爸爸让我坐安全座椅，我真不想坐了。我从很小就坐安全座椅，可是有的同学根本就不坐那玩意。他们每次都坐在爸爸旁边的副驾驶座上，很神气！可是爸爸说：那样不安全。为啥不安全？

爸爸说，很多新闻都报道了儿童坐副驾座位上是不安全的。比如前几天报纸上刚说了，一个爸爸驾车带10岁的儿子出去玩，儿子坐副驾座位上，结果，

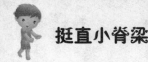

挺直小脊梁

因车辆打滑撞上护栏，他10岁的儿子因坐在副驾驶座位上，并且未系安全带，致使头部受伤。更悲惨的是，昨天刚看到的一起追尾事故，一名3岁小女孩在母亲的怀抱中死去，而当时她们都坐在副驾驶座上……

爸爸语重心长地说：你看这么危险，怎么能拿性命做赌注呢？

我说：可是，我已经11岁了啊，安全座椅坐到12岁就不能坐了，我想坐一下副驾座位不行吗？那里不安全，别人坐就安全啦？

爸爸很无奈地跟妈妈说：这就是叛逆期啊！

我看着爸爸妈妈得意地笑了。

就在这个时候，我接到好朋友的电话，电话那头的朋友很着急的样子，我说：你慢慢说，怎么了？他断断续续地问：你知道张明爸爸的电话吗？张明是我邻居，也是我同桌，我当然知道了。他接着说："张明的妈妈带他出去玩，他坐在副驾座位上，结果出车祸了。张明妈妈昏迷不醒，张明也瘫在那。正好被我和我爸爸遇到了，送到医院，诊断是过伸性脱位，俩人都晕乎乎的不记得电话了。"

我听了，心里一阵飕飕的凉气。

贴心的话

许多父母明知道安全座椅的重要性，但是没有给孩子购买；有的已经购买了，但是为了迁就孩子没有给他用，这些做法都要不得。

有关实验数据显示，当汽车以时速56公里行驶的过程中紧急刹车，母亲抱住一个3岁大、体重为12公斤重的孩子需要150公斤的力；若时速变为70公里、孩子体重为18公斤的情况下，则需要250多公斤的力量。也就是说，家长幻想靠自己的力量保护怀中的孩子是根本做不到的。

据了解，美国、欧洲、日本、澳大利亚等汽车普及的国家和地区，都有专门针对家长不为乘车儿童配备安全坐椅的惩罚措施。同样，怀抱着孩子坐在汽车前排副驾驶的位置上，在很多汽车普及的发达国家和地区是被明令禁止的行为。

过伸性脱位最常发生于高速驾驶汽车时，因急刹车或撞车，由于惯性作用，头部撞于挡风玻璃或前方座椅的靠背上，并迫使头部过度仰伸接着又过度屈曲使颈椎发生严重损伤。其病理变化为前纵韧带破裂，椎间盘水平状破裂，上一节椎体前下缘撕脱骨折和后纵韧带断裂，损伤的结果使颈椎向后移动，使脊髓夹于皱缩的黄韧带和椎板之间而造成脊髓中央管周围损伤。部分病例，特别是老年人，原有的下颈椎后方的骨刺可以撞击脊髓，使受损脊髓的平面与骨折的平面不符合。本病的特征性体征是颜面部有外伤痕迹。

无骨折脱位型颈脊髓过伸性损伤常常较轻微或隐匿，多数情况下同时存在较重的颅脑损伤或颌面部损伤，且影像学检查多无异常征象，易被疏漏而影响治疗及预后。

18．遭遇脊柱骨折检查

今天爸爸带我去医院检查脊椎，因为他怀疑我的脊椎骨折了。听了心里有点不踏实，最近确实是脊椎不舒服，但是是不是骨折，还真的不知道。脊椎的检查又是怎样的呢？

当我们到医院开始检查的时候，医生用手指头从上到下逐个按压棘突，如感觉局部肿胀和明显的压痛，就让我告诉他。一旦告诉他，他就详细地记录在本子上。第一轮检查结束了，医生在病历本上这样写到：胸、腰段无脊柱骨折，常可摸到后突畸形。检查无脊髓或马尾神经损伤的表现。

没有什么伤，为何会不舒服呢？医生仔细询问了我不舒服的表现。然后问：是否有过撞击？我说：从楼梯上掉下来硌了一下，当时挺疼的，后来就经常酸疼，有时从脖子到腰椎部位都疼。

医生想了一会说，你回家换个枕头吧，用那种类似星级酒店一样的软枕头。每个人的睡眠习惯及睡枕高矮等有所不同，多数人习惯用头部与枕头接触，颈部悬空。平时没有什么的，但是一旦受伤或者年老，就会有很明显的不适。更换那种柔软度好的枕头，可以很好地和脖子包容在一起，这样就更舒服。

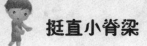 **挺直小脊梁**

回到家后，我更换了枕头，没有想到一周后果然好了。真的很神！

 **贴心的话**

用枕头确实是一门学问，不建议用太硬的枕头。颈部的悬空很容易落枕，年轻时一般没有不适的感觉，但随着时间的推移或急性外伤，慢性劳损使椎周软组织（包括韧带、筋膜、关节囊和肌肉）失去应有的稳定性，压迫邻近的神经和其他组织，在一定诱因的作用下，部分人出现睡觉时脊椎酸痛、过度疲劳、手臂麻木、反复"落枕"等。同时，神经紧张、长期单一的工作姿势，缺乏运动也是脊椎病的诱因之一。

医生可以通过对患者X线片的三维测量，再做力学分析，结合临床检查，找出患病的脊椎，可以采用新引进的脊椎矫正法或其他方法进行治疗。脊椎健康的新理念认为，人的脊椎是可以矫正的，而且需要经常矫正，有症状的人需要经常矫正，无症状的人也要矫正维护，正像人人要洗脸、刷牙一样，通过脊椎矫正阻止它的不良倾向。

 **专家提醒**

脊椎骨折最常见的类型有：

1. 椎体骨折：最常见的是椎体压缩骨折，好发于第11、12胸椎，以及第1、2腰椎。受损部位多涉及椎体的上部，尤以前方为甚。明显的压缩骨折在正位片上显示为椎体上部的塌陷，骨松质因压缩而增密，骨小梁排列紊乱。在侧位片上，压损的椎体呈楔形改变，椎体的前方变狭窄，后方较宽，上缘向下倾斜，骨皮质有折断和凹陷现象。椎体上面的椎间隙和上面一个椎体的下缘多显示正常。

2. 椎弓和关节突骨折：椎弓骨折最常见于下腰段，以腰椎斜位片观察为佳。关节突骨折可见于过伸性或过屈性外伤，一般以腰段和颈段较多。

3. 棘突和横突骨折：多见于突起较长者，如腰椎的横突和下颈椎的棘突。可合并发生于椎体骨折，亦可单独出现于肌肉韧带的强烈撕脱，骨折线常呈横断或斜形。

19．我教爸爸妈妈做操

今天下午去姥姥家玩，姥姥正在看"健康在线"栏目。平时在家我最不喜欢看这个节目了，可是今天我却不得不和姥姥一起看下去。

这期讲的是脊柱健康。这不由得让我想起我的好朋友小莉，因为脊柱问题已经好多天没来上学了。小莉因为长期坐姿不正确导致脊柱弯曲，造成身体不平衡，需要做手术。节目里面主持人说，脊柱在人身体中占有重要地位，一旦出现了问题，将会严重影响人的各种功能。在现代繁忙的工作和学习压力下，人们每天辛苦地工作、学习。而且，越来越多的工作需要在电脑上完成，随着长期在电脑前久坐，对脊椎的压力越来越大。因此，颈椎病和脊椎等问题成了现代人的杀手。

后来节目还教了大家一套脊椎保健操，我和姥姥认真地跟着做起来。姥姥说："娜娜，好好学，回去教教你爸爸妈妈做，他们每天坐在电脑前，最需要做这个了。"我听完姥姥的话，点点头。晚上回家后，就赶紧和爸爸妈妈说："爸爸妈妈，赶快和我学这个操。"爸爸妈妈以为我瞎玩呢，也不站起来。我严肃地说："我说真的呢，今天下午在姥姥家看了健康在线，人家说像你们这种整天在电脑前久坐的人，脊柱最容易出毛病了，要常做这种操呢，快跟着我做。"

爸爸妈妈听完我这么"严肃"的讲话，连连点头称是，只好跟着我做了起来。我像电视里的老师一样，一板一眼地教起来。最后，终于教会了爸爸妈妈，还要求他们每天做两遍。爸爸说："我的娜娜长大了，都会教爸爸妈妈做操了。"妈妈也会心地笑了。

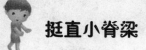

脊椎病是现代人的常见病，脊椎病的患病人群日益扩大且趋于低年龄化。长时间地保持同一种姿势伏案工作更容易引起脊椎疾病。我们要经常锻炼身体，参加各种运动，保持健康的身体。

脊椎病是一种多症状的骨科疾病，它常根据不同病因、不同部位而表现出不同的症状。其脊椎病症状具体表现为：心前区疼痛、胸闷、心律失常（如早搏等）；手掌或手臂麻木、疼痛、握力减弱，病情严重时，整夜疼痛难以入睡；血压升高或降低，以血压升高为多见；出现偏头痛、头晕、眼花等症状；吞咽功能障碍，吞咽时有梗阻感、食管内有异物感，少数人有恶心、呕吐、声音嘶哑、干咳、胸闷等症状；视力障碍，由于脊椎病造成动脉供血不足而引发大脑视觉中枢缺血，可出现视力下降、眼胀痛、怕光、流泪，甚至失明等；有头、颈、肩疼痛等异常感觉，并伴有相应的压痛点。

学龄期的青少年大多书包重，看书、写字坐姿不当，体育活动时间太少，或无节制地玩电脑，以及睡床太软、枕头太高等都是导致儿童青少年过早地患有颈椎病的主要原因。

我们在日常生活中要养成良好的坐姿，学习时要经常活动一下头颈部，不要长时间玩电脑，多进行户外活动，以免脊椎病的侵袭。

20．童年趣事：高枕无忧

童年在我们的回忆中总是美好的，童年的我们总是天真无邪，童年的趣事也令人难以忘怀。因为年幼无知所以经常会做出现在看起来很好玩的事情。有的事情现在回想起来还让人忍俊不禁。

那是我上小学的时候，有一次我在看书时，发现了"高枕无忧"这个词，那时我根本不懂这个词是什么意思，就想：这个词的意思一定是把枕头放高了就没了烦恼。

于是我在睡觉的时候，就故意在下面多垫了一个枕头，头躺在上面，准备进入梦乡。半小时后，脖子酸，一小时后，脖子疼，我都没在意。时间一分一秒地过去了，我的脖子也愈加疼痛，但是我都挺了过来。后来迷迷糊糊

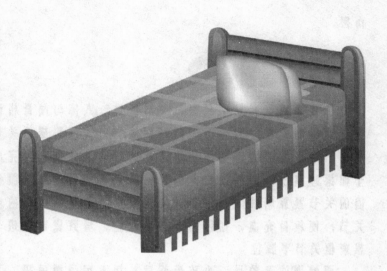

就睡着了。醒来后正准备来一个转身，突然感觉到脖子像被针扎了一般——痛死了！每动一下都痛得很。当时我也不知道什么叫落枕，便告诉妈妈："妈，我的脖子很痛很痛，不会是得了颈椎病了吧？"妈妈开始也吓了一大跳，经仔细确认后，妈妈告诉我说："什么呀，根本不是颈椎病，是你落枕了。怎么好好的会落枕呢？"妈妈看了一眼我床上的枕头，接着问我："怎么睡两个枕头啊？"我老老实实地交代："不是说高枕无忧吗？我就多垫了一个，这不是高了吗？"妈妈听了以后笑得前仰后合："我的傻孩子，这是一个成语，并不是真的指枕头高就没有忧愁烦恼了。""那怎么办？等会儿我还要上学呢？""没关系，我拿擀面杖给你擀一下就会好了。"妈妈把擀面杖放在了火炉上，等一会儿后，擀面杖热了，妈妈拿擀面杖朝我的脖子上擀去，顿时觉得脖子上热乎乎的，这样来回几次后，我的脖子就没那么痛了，又来回几次，脖子居然不痛了。我放心地去上学了。

这件事一直都存在我的脑海里，虽然过去了很长时间，但是回想起来仍然记忆犹新，忍不住为自己的无知而感到可笑。

孩子落枕通常是枕头的高低不合适，使颈部过度屈曲，损伤了颈椎的椎间韧带与关节囊而造成的。通常睡的床太软、枕头太高等都会对我们的颈椎造成

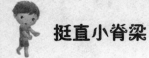

伤害。

　　小孩睡高枕容易引起寰枢关节脱位。人体与颅骨相连的第一颈椎叫寰椎，第二颈椎叫枢椎，为环形，同周围的韧带一起构成的关节，称为寰枢关节。这个关节活动度很大，头部转动功能的绝大部分由它来完成，但也比较脆弱。孩子如果睡高枕头时头忽然伸屈或扭转，可能导致颈椎脱位。另外，这个不太稳固的关节紧靠咽部，得了感冒后，咽部特别是咽后壁的炎症也可能会波及寰枢关节，使椎骨充血，韧带和关节囊松弛，导致稳定性进一步下降，容易发生颈椎寰枢关节半脱位。

　　要特别注意的是：小孩落枕后，切不可强搬硬扭。不然会发生颈椎骨折、脱位等。

21. 小孩也会骨质疏松吗

　　我并不像大多的同学一样喜欢看综艺娱乐节目，反而喜欢看一些科技、文化类的节目。因为我觉得科技文化类的节目会增加你的知识，丰富你的阅历，通过别人的事情给你一些经验和教训，让你的人生之路走得更加顺畅。

　　今天吃午饭的时候，一个健康栏目引起了我的关注，题目是：小孩也会骨质疏松吗？在我的印象中，年龄大的人才会得骨质疏松，而且我身边的人就有。我的奶奶由于年龄比较大而得了骨质疏松，经常会腰腿疼痛，所以一直在补钙。可是却没有听说我身边的同学有人得这种病啊。

　　带着这种疑问，我继续往下看。有一个小孩叫洋洋，刚上小学，有一天，他对妈妈说背部有些疼。妈妈以为洋洋的背部受了外伤，可撩起衣服查看，没发现什么异常。于是他妈妈也没有太在意。可是过了几天，洋洋还是一直嚷嚷自己背部很疼，就连最心爱的小书包也不愿意背。学校给学生做体检的时候，洋洋的椎骨和四肢骨的X线片竟显出骨质疏松的表现。当医生把消息告诉妈妈时，她瞠目结舌，孩子怎么也会骨质疏松呢？

　　经过专家检测指出，原来是现在的孩子学习负担加重，再加上看电视、玩电脑的时间增加，所以户外运动的时间很少，就很容易患骨质疏松。这样将会对以后的身体发育造成很大的影响。

看到这里，我心里想，我平时不也是经常看电视、上网玩游戏吗，以后还是要多运动，有一个健康的身体才最重要啊。

贴心的话

儿童有骨质疏松症状，并不一定需要马上给予治疗。如果为年幼儿童，则应以观察为主，因为其中部分患儿是可以不治而愈的。大部分儿童的骨质疏松是由于缺乏锻炼引起的。所以要经常参加户外运动。

专家提醒

骨质疏松症一般被视为老年人的疾病。但现在儿童青少年中也出现了骨质疏松，患儿年龄小到5～7岁，而且儿童骨质疏松症在儿童中的发病数正在日益增多。

儿童青少年骨质疏松与成人相比，大多为轻症。也就是以背部疼痛、脊柱侧突为主要症状，骨折发生率相对较低，有些没有任何症状，往往通过X线片偶然发现椎骨或长骨干骺端骨质密度低下或有压缩迹象。

儿童骨质疏松症往往是由于在儿童生长发育关键期，其骨骼生长和肌肉生长之间发生不平衡，结果导致骨体和骨量增大、增多，但骨密度并未增加。相对于正常骨骼状态来说，骨质显得疏松起来。而这种骨质的疏松改变以椎骨和四肢骨干骺端最为明显，因此易出现背部疼痛，负重困难。有些还可能在青春期发生脊柱侧突，甚至在一些并不十分剧烈的碰撞下发生骨折。

在日常生活中，应该从小养成多运动、多锻炼的习惯，经常到户外晒太阳，促使其骨骼发育得更为坚实；饮食上避免吃高盐、低钙的食物。对症状明显或处于青春发育期的患儿，应该及时就医，并给予维生素D和钙剂治疗，避免较剧烈的运动，以防发生骨折。

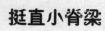

22. 表妹纯纯的颈椎

我的表妹叫纯纯，今年刚上一年级，是一个活泼可爱、聪明漂亮的小姑娘。白白的小圆脸上长着两只明亮的大眼睛，经常会有很多奇怪的问题，有时候大人都不知道该怎样回答她。

小表妹有一个特别的爱好，就是喜欢书法和绘画。于是舅妈就给她报了少年宫的书法、绘画班，每到周六、周日纯纯都要参加半天的书法、绘画学习。有一天，我妈妈说："纯纯，给我们展示一下你的学习成果，怎么样啊？"纯纯充满自信地说："好啊。"于是拿出纸墨笔等，认真地给我们写了起来。没想到，还真是学得有模有样，她用楷书

写了一首古诗，还给我们画了一幅画"春天来了"，上面有嫩绿的柳枝随风起舞，还有几只小燕子。我们看后都不由地赞扬纯纯进步很大。

可是这几天，她经常说颈部酸痛，舅妈时常给她轻轻按摩也没有奏效。带她去医院检查后，发现得了颈椎病，是由于长时间一种姿势、过度劳累造成的。现在纯纯正在接受治疗，真希望我的小表妹能够快快好起来。

贴心的话

颈椎病并不是中老年人的专利，现在颈椎病正向低龄化发展，很多十来岁的青少年也经常由于过度劳累而患颈椎病。很多孩子长时间的同一种姿势，如背着手风琴一练就是一两个小时、长时间地低头写字而造成颈部损伤。

一般来说，儿童因骨骼还没发育完全，过度劳累后出现的症状多是颈部肌肉劳损。但如果未能及时进行调理与治疗，到十几岁时，就会发生骨质病变，成为真正的颈椎病。如果孩子经常说脖子痛、头痛、头晕，或出现颈部活动不灵活时，就有可能是颈椎病的前兆。

很多孩子长时间地练习书法，写字时头过低，长此下去，就会造成颈部肌肉劳损，或者长时间地进行舞蹈、武术、健身等练习，也会造成颈部损伤。所以写字、练琴的时间要适当，让颈部得以充分休息。如果经过充分休息后，症状仍然没有消失，就必须及时到医院进行检查，拍X线片，确认是否已患上颈椎病，并通过按摩、牵引等方法进行治疗。

另外，颈部出现不适后，家长千万不能乱扭孩子的脖子，也不要随便让人给孩子按摩。因为，儿童的颈部非常脆弱，如果手法不对，容易损坏脊髓，造成高位截瘫等严重后果。

23．一场输不起的赌局

我是一名18岁的女生，骨骼已经闭合了，但是我只有1米5的身高，因此我想改变，但是又不想通过不科学的方式去做，使得身体健康受到威胁。妈妈打听到一种方式可以增高，她看广告上写明，施行这种增高术，保证没有后遗症，满意率达到99%。多方打听之后，终于找到了这个人。

但是这个专家却建议去成都做手术，因为比在北京要便宜很多，说他可以去成都主刀。在专家的劝说下，我们一家去了成都。只是那所医院看起来不是那么正规，我们心里有点打鼓。妈妈一再跟专家重复一句话："教授，真的，会不会有后遗症，你真的要告诉我，这是关乎孩子一生幸福和命运的事情。"那名专家一再保证，自己做了那么多年了，肯定不会有什么问题的，只能锦上添花。

在我们交纳了手术费后，手术开始了。我做的是断骨增高手术。然而事与愿违，随后发生的事情是我们无论如何也没有想到的。

手术后一个星期，腿还在疼，感觉有点儿麻，整条腿有点儿麻麻的。下地走了以后，这个针孔感觉特别疼，而且针孔下面有血溢出来。更为可怕的是，手术两个月后，一半插入双腿内，一半露在外面的钢针开始导致感染，随之而来的是双腿膝关节变得越来越弯曲。那个时候，我们已经回到北京了，针对腿部的感染和弯曲，当时的护理人员给出的处理意见是用沙袋压住弯曲的膝关节，以求把它压直。但是，压沙袋不但没有使膝关节弯曲的状况有所好转，反而越来越严重。此时，医护人员再也没有想出更好的解决办法，我只好吃止痛片来缓解疼痛。

爸爸妈妈找来当时做手术的单子，上面有写：手术后腿部可以延长8厘米，如果膝关节不能伸直，则不能拆除延长器。目前是不可以拆除的。但是之后怎么办呢？我已经几乎不能行走了！

看到故事中的小主人公忍受如此的痛苦，我们的心里是很纠结的。为了身高，忍痛手术，精神是可嘉的，但是手术意外和风险也是存在的。断骨增高术并不属于医疗美容范畴，然而遗憾的是，目前一些医院却把它作为美容项目进行推广。人们在接受这一手术时，应该说还是存在一定风险的，而这也正是与此有关的医疗事故频频发生的原因。

断骨增高术在骨科专业中学名为"肢体延长术"，它的医学原理是"人体组织在一定的外力刺激下可以发生细胞的分裂和繁殖"。断骨增高术最早于二十世纪四、五十年代应用于因先天肢体畸形、外伤、小儿麻痹等造成的肢体不等长以及侏儒症的治疗。二十世纪七十年代，国外医学界开始尝试应用这项技术对一些有增高要求的低矮正常人做双下肢延长，我国于九十年代初引入这项技术，并开始应用于医学实践。

要把增高手术做得很好，首先要有很多科室医生的参与，手术以后还要有运动医学的医生参与，帮助病人整体的恢复。同时国外还注意到人们心理的需求，还有心理医生的参与，帮助病人调整心态。在国外真正做这样一个复杂的手术，是个梯队的工作，目前中国缺乏这种梯队。现在很少有国家级的医院、三甲级医院去做这个手术，一般都是一些民营医院、私立医院门诊部做这个增高手术，主要为了经济方面的目的。

24．爱运动的我

我十分喜欢体育运动，在我们班我是一个运动健将，运动场上我总是和伙伴们激情地比赛，每次运动会也总少不了我的身影。我喜欢各种运动项目，跑步、跳远、篮球、足球等都是我的最爱。认识我的人都知道我是一个运动迷，只要有时间我就会去操场锻炼。

这不，上体育课了，同学们都非常高兴。老师说今天要赛跑，我们做好各种准备工作，又在老师的指导下，集体做完了热身运动。然后老师口哨一吹，我飞快地跑起来，一下子超过了前面5位同学，获得了第一名。

还记得有一次，我代表班级参加校运动会的立定跳远比赛。比赛的前几天，我一做完作业就练习立定跳远。一开始，我总是在落地的时候摔跤，所以跳的距离都很短。我一遍又一遍地练习，在我的刻苦努力下，跳的距离一次比一次远。校运动会终于开始了，轮到我参加比赛了，我不慌不忙地站在了起点跳上，整个过程都非常顺利，我以优异的成绩获得了第二名。不仅为集体增光，而且自己还得到一个奖品，心里别提多美了。

但是最近，我总是感到腰和腿经常疼，妈妈知道后，带我去医院做了检查。结果让我特别伤心。医生说我得了一种叫做脊椎分离症的骨科疾病，幸亏发现及时，否则会引起更加严重的后果。而且提醒我以后要多注意休息，不能参加体育运动，要积极配合医生的治疗。

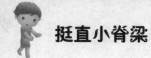

现在的我只能看着我的小伙伴在操场上尽情地玩，肆意地挥洒着汗水，我是多么羡慕他们啊，什么时候我能像从前一样奔跑在运动场上呢？

脊椎分离症是骨科疾病的一种，它是由多种因素引起的。脊椎分离症的发生给患者的日常生活、工作及学习带来严重的影响。我们要关注脊柱健康，避免给我们的脊柱带来伤害。

脊椎分离症是指脊柱后端的连接骨断开的状态。脊柱分离症不是瞬间的外部冲击引起的，而是长期的外部冲击累积造成的结果。通常是由先天性骨化异常加上后天疲劳性伸展活动引起的。

这一病症在十岁以下的儿童中较为少见，十岁以后的发病率则急速上升，尤其以运动量大的人群和男性的发病率为高。

脊椎分离症的临床表现：一般来说，青春期以前不会出现特殊的症状，但青春期开始后逐渐出现疼痛。疼痛部位以腰部和臀部最为常见，极少数患者会出现腿部的疼痛、麻痹或步行困难等。

脊椎分离症的发生会给患者带来各种各样的危害，因此，若有以上症状者应赶快到正规医院进行诊疗。同时，日常生活中应做好防止脊椎分离症发生的准备。

25. 让我感动的一件事

很多人都在感叹现在的社会人们之间太冷漠，不会互相关心理解。其实，在我看来并不是这样的，在我们的身边还是有很多值得感动的人和事，只是我们缺少发现美的眼睛。今天我就看了这样一个报道，让我留下了感动的眼泪。

事情是这样的：8岁的小杨在暑假的时候来到爸爸妈妈打工的城市，一家人终于团圆，每个人心里都特别高兴。白天的时候爸爸妈妈要去上班，通常就留小杨一个人在家。小杨一家三口租住在2楼的一个小房间里。

有一天，和往常一样，又是小杨一个人在家，快到晚上下班的时候，小杨站在窗台上朝下张望，想看看妈妈有没有回来，却不小心从2楼窗台上栽了下来。当她掉落在地上后，疼得都说不出话来。楼下的邻居见状，立即打电话给她妈妈，并将她及时送到了附近医院。因为赶得急，小杨妈妈身上没带一分钱。但医院的医生还是立即给小杨进行检查，因为从高处坠落，导致其脊柱胸腰椎多处爆裂性骨折，压迫损伤脊髓，倘若不及时治疗，这么幼小的生命情况将更加危急。虽然没有拿到一分钱，医院还是及时为小杨做了手术。

经过治疗，小杨恢复得很好。小杨的妈妈对着记者的镜头留下了感动的泪水，她说他们是身无分文来到医院的，但是孩子的治疗却一分钟也没耽搁，如果不是医院及时进行手术，后果将不堪设想。直到第三天她才将凑来的一万多块钱送到医院，而正常的医疗费用却需要5万元左右，剩下的3万多元，医院考虑到小杨家的实际困难就给免除了。医院给了孩子第二次生命，他们永远也不会忘记的。

看到这里，我也不禁流下了感动的泪水，真是人间自有真情在，只要你有一颗真心总会换来温暖的。

严重的脊柱损伤应立即去医院进行急救，骨折后不可随意移动伤者，移动的过程中应该保持平躺的姿势，在去医院的过程中，也应该注意不要颠簸。

脊柱骨折的原因通常有以下三个方面：

1. 间接暴力损伤：这是最常见的一种，多见从高处跌落，臀部或双足着地后力向上传导致腰部；或者是重物从高处掉下冲击头、肩、背部，力向下传导到腰部导致骨折。

2. 肌肉拉力性损伤：当腰骶部的肌肉突然强烈收缩时，可产生相当大的拉力，常会造成椎体的附件，如横突、棘突等处的骨折；严重的如破伤风或其他神经系统的疾病所引起的肌肉强烈收缩，可导致胸、腰椎体的压缩性骨折。

3. 直接暴力损伤：可见于交通事故、火器伤，或是被直接打击等，这类损伤往往造成脊髓损伤，有不同程度的瘫痪等严重后果。

26. 是什么影响了我的发育

前几天，我们班里的同学进行了一场辩论赛，是关于农村孩子高，还是城市孩子高的问题，大家所见不同。有的同学觉得城市里的孩子高，因为物质条件充足，有的同学觉得是农村的孩子高，因为运动充足。

我不是一个高个孩子，但是我生长在城市，我觉得这个与城市和农村关系不是很大。比如我，从小就是个体弱多病的孩子，家里经常放满了我的药，拉肚子了，感冒发热了，再或者受伤了，就在家庭药箱里找药吃。

后来老师总结说，其实我们的发育受很多因素的影响，诸如营养和运动等方面，但是药物却要少吃为好。

为此，爸爸专门查找了资料，咨询了专家，大多数专家仍主张对16岁以下的儿童，特别是骨骼处于生长期的婴幼儿宜谨慎应用药物，以免发生骨、关节病变及骨生成受阻所致矮小等情况。使用时必须严格掌握适应证，剂量不应超过每天每千克体重15毫克，疗程一般不超过7天，并注意观察药物的不良反应。

还有的药物可以引起性早熟。我们就诊的时候遇到一对母女，母亲带着9岁女儿来就诊，母亲称女儿在8岁时，乳房开始发育，一年以后，月经初潮，才到医院就诊。结果，医生发现这名女孩的骨龄已有13岁。医生分析说，因就诊的时间拖延了一年，而骨龄在这一年的时间里长了远远不止一岁，女孩再长高的幅度不会超过10厘米，因此，9岁的孩子现在是140厘米，最终身高超过150厘米的可能性不大。

看来，影响我们发育的因素很多哦，在生长发育的过程中还是要注意科学助长。

贴心的话

喹诺酮类药物是近年来发展较快的一类人工合成的抗菌药物。由于此类药物已成为临床重要的一类抗感染药物，广泛用于治疗泌尿生殖系统感染、肠道感染与呼吸系统感染等疾病的治疗。家庭药箱在使用中，青少年误服喹诺酮类药物的现象很严重，十几岁的孩子拉肚子了，运动致伤后某个部位感染了，在家庭药箱里拿起这些药就吃，这恰恰犯了此类药物的用药大忌，这些药对软骨发育有影响，孩子吃了长不高。

专家提醒

国内外大量实验证明，人体补充足够的赖氨酸可以刺激脑垂体增加生长激素的分泌。

补充钙锌元素很重要，人体内含有钙约1300克，这些钙中的99％存在于骨骼和牙齿内。所以，钙不但是骨骼、牙齿的主要成分，也是人体内钙的储藏库。骨骼能够坚硬挺拔，离不开钙的生物矿化作用。可以想象，缺钙的骨骼变软变形，孩子生长就无从谈起了。在缺锌的情况下，单位时间内DNA的复制速率显著减慢，DNA合成量也明显减少，从而使细胞的分裂速度减慢或停滞。锌的这一细胞分子机制的阐明最终揭示了为什么锌缺乏会导致生长发育停顿的秘密。

27．我喜爱的老师生病了

我的班主任老师张老师是我最喜欢的老师，她讲课生动，一点儿也不死板。在课下，张老师非常和蔼可亲，不仅关心我们的学习，也非常关心我们的课余生活。同学们一有什么难处就会和张老师说，张老师总是竭尽所能地帮助我们每一个人。

可是，天有不测风云，人有旦夕祸福。上星期张老师没有来给我们上课，是另外一位老师代课。我们都很好奇，张老师平时是来学校最早的一个人，早晚自习都会来班里看看同学们的学习情况。今天怎么连课都没来上呢，同学们都焦急地问来问去。后来，我们知道了，原来张老师得了腰椎间盘突出症。听到这个消息，全班同学都很伤心。老师肯定是因为操劳过度才得的这种病。

听说腰椎间盘突出症是老师的职业病。平时，自习期间张老师在讲台上批改作业的时候，我们就常看见老师用手轻轻拍打腰部。唉，老师当时一定是忍着疼痛来给我们讲课和批改作业啊。想到平时自己淘气，不听老师的话，常常让老师操心，我的眼泪就禁不住流了下来。我决定，以后一定好好学习，等张老师完全康复回到学校时，看到一个听话、懂事、成绩又好的我一定会感到欣慰的。

记得小时候唱过一首歌叫当我轻轻走过老师的窗前，真实地唱出了老师为了学生呕心沥血的情景。现在，我一定要用自己的行动来报答老师的恩情。真心祝愿张老师早日康复，也祝愿天下所有的老师能身体健康。

贴心的话

对于我们来说椎间盘突出症并不陌生，因为我们周围经常有人受到此病的

困扰。椎间盘突出症不仅使患者身体饱受痛楚，而且较难完全治愈，给患者的工作和生活带来极大的不便。

专家提醒

椎间盘突出症是一种骨科常见病，青春期后人体各种组织即出现退行性变，其中椎间盘的变化发生较早，主要变化是髓核脱水，脱水后椎间盘失去其正常的弹性和张力，在此基础上由于较重的外伤或多次反复的不明显损伤，造成纤维环软弱或破裂，髓核即由该处突出，压迫神经根而产生神经根受损伤征象。也可由中央向后突出，压迫马尾神经，造成大小便障碍，如纤维环完全破裂，破碎的髓核组织进入椎管，可造成广泛的马尾神经损害。由于下腰部负重大，活动多，故突出多发生于腰4～5与腰5～骶1间隙。所以人们常说的椎间盘突出多指腰椎间盘突出，其实颈椎、胸椎之间均有椎间盘，也同样可以突出，不过症状和体征，以及治疗方法不同而已。

28．脊椎病改变了我对妈妈的看法

以前，我总以为妈妈不爱我，总是严厉地监督我学习。我多玩一会儿，就责怪我不好好学习。可是，前不久的一件事改变了我所有的想法。

去年，我的腰下面就常常痒，妈妈一看，原来长了一个和黄豆一般大的痘痘。妈妈带我去一家诊所看病，那个大夫说还是到大医院检查一下吧，说不定是和里面的脊柱神经有关联。妈妈一听赶忙带我到城里最好的医院去了。医院检查后说是尾椎上的毛病，得做一个小手术。虽然是小手术，但对于小小年纪的我来说也是一件大事。因为爸爸在外打工，所以一切事情都压在妈妈身上。先是住院登记，然后是和主治大夫沟通定好手术时间，好多手续，妈妈进来出去，额头上渗满了汗珠。终于，要手术了，我心里"咚咚"直跳，妈妈安慰我说："不用怕，一会儿就出来了，妈妈已经为你安排好了。"这才进了手术室。虽说手术只有二十分钟，可是对我来说，就好像是漫长的一年。终于，出来了，回到病房，到了病床上，医生说："现在麻醉药还没过去，等会儿估计会疼。"果然，到了晚上，我从睡梦中疼醒，在那儿呻吟，妈妈坐在床头，心疼地对我说忍忍就过去了。我看着妈妈眼睛里布满血丝，头上的白发也突然间多了。我心里一阵酸楚，妈妈为了我，连日奔波，在医院连床都没有，晚上实在支持不住，就靠在床边稍微睡一下。我一不舒服，就赶紧去叫护士、医生。还买了很多吃的给我，自己却舍不得吃，想到这里，泪水模糊了我的双眼，妈妈一看，以为我疼得厉害，赶紧叫大夫，我说："妈，我没事，你休息休息吧，这几天辛苦了。"妈妈说："为了你，妈妈再辛苦都值。"听完妈妈的话，我心想：以后一定听妈妈的话，不惹妈妈生气了。

 贴心的话

在受到外伤的情况下，如摔落或受到撞击时，会引起尾骨的受伤，从而导致尾骨神经疼痛。刚开始症状较轻，长期忽视则可能引起慢性骨髓炎，从而对身体造成更大的影响。

 专家提醒

坐骨神经痛可分为原发性与继发性两种，分别为：

1. 原发性坐骨神经痛：多因感染或中毒等直接损害坐骨神经所致，以单侧发病较多见。主要发病原因为寒冷、潮湿及扁桃体炎、前列腺炎、牙龈炎、鼻窦炎等其他炎症病灶感染，有的同时伴发肌炎及肌纤维组织炎。

2. 继发性坐骨神经病：由坐骨神经通路的周围组织病变刺激、压迫或破坏该神经引起，可单侧也可以双侧发病。根据受压部位可以出现沿坐骨神经走向的放射性疼痛，也可出现某一阶段的坐骨神经痛。在临床上，绝大多数为继发性坐骨神经痛，原发性坐骨神经痛极少见。

也有患者并非受伤等情况却出现坐骨神经痛，可能是由于腰、骶及下肢肌肉受到潮湿后，出现局部肌肉痉挛、小血管收缩，影响了局部肌肉、神经的血液循环，使其营养供应不足，局部代谢产物增加，致肌肉痉挛、疼痛加重。因此，避免腰部受风寒、潮湿是预防坐骨神经痛的重要措施之一。

29. 奶奶很满意我为她选的床垫

爸爸妈妈平时工作很忙，我从小就是奶奶带大的。据说，之前奶奶的身体特别好，因为带我，落下了腰椎间盘突出症，有脊椎疼的毛病。对此，我一直存感恩之心，又不知道如何去安抚和帮助奶奶。后来听说，脊椎不好的人，床垫的选择是非常重要的。因此，我准备用我的压岁钱给奶奶买个好的床垫。

到底怎样的床垫对脊椎有毛病的人好呢？我翻阅了好多的书。腰椎间盘突出症的发生、转归与负重、体重有一定的关系，即在纤维环发生劳损、破裂后，负重与体重的压力可使髓核从破裂的纤维环处突出，刺激和压迫神经根，使神经根发生炎性渗出、水肿，加重了髓核对神经根的损害，出现腰腿痛症状。这时，通过卧床休息尤其是卧硬板床休息，可消除负重和体重对椎间盘的压力，有利于恢复腰部肌肉、韧带的原有平衡状态，突出的髓核也随之脱水、缩小，促进神经根炎性水肿、渗出的吸收，减轻突出的髓核对神经根的压迫程度，使症状得到缓解。

因此，卧硬板床休息是治疗腰椎间盘突出症的一个基本原则。如在卧硬板床休息时，配合牵引治疗，能加大椎间隙、使椎间盘产生负压，有利于突出的椎间盘回纳，则疗效更佳。国内居民所使用的床具种类很多，如木板床、席梦丝床、土炕、水床、气床等，各种床具有各自不同的优缺点。但无论什么床具，只要是过于柔软的床具即在人体体重压迫下易形成中间低、周围高的床具，都会影响腰椎正常的生理屈度，造成腰部肌肉、韧带的收缩、紧张及痉挛，从而加重临床症状。

可是，我妈妈不理解，她说本来就脊椎疼，还给老人睡硬板床，岂不是不孝？当我说出来以上理由后，妈妈豁然开朗了。奶奶听了也非常感动，不停地感慨自己没有白疼我，知道为奶奶的病费心查找资料，并选对了床垫。

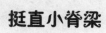 **贴心的话**

尊老爱幼是一项传统美德，这不仅是说在口头上的，更要付出实际行动。故事中的孩子知道心疼奶奶，并用自己的零花钱为奶奶买床垫，买之前还翻阅了相应的图书，查找适合奶奶的床垫。这整个过程体现的是一个非常理智而成熟的思维过程，也展现出浓浓的爱心。生活中，很多老人因为过度劳累和年老体衰，出现脊椎毛病，他们需要我们更多的关怀，同时也给我们提出警示：日常生活中要注意爱护自己的身体，保护好自己的脊椎。

专家提醒

床具应使人体在仰卧位时保持腰椎正常的生理前凸，侧卧时保持腰椎不侧弯。较理想和经济的选择是木板床，并在床板上铺厚度适当、软硬适宜的褥子或海绵床垫，同时，还要保证充足的卧床时间，这样能最大程度地减轻或解除腰部肌肉的收缩、紧张、痉挛。此外，卧床休息也不是绝对不动，可在床上适当运动，尤其是进行功能锻炼，可避免肌肉废用性萎缩及防止神经根的粘连，对下床后的疾病恢复极有帮助。

30．这个暑假，熬夜让我很受伤

暑假生活开始了，我很幸运地考了全班第二名，爸爸妈妈都很开心，他们答应我这个暑假让我好好玩儿，不去参加什么学习班。于是，我疯狂了。买了很多自己以前没有看过的片儿，很多的动画片哦！准备好好看。

这几天，爸爸出差了，妈妈要值夜班。已经上初中的我信誓旦旦，一定可以自己照顾好自己，让妈妈放心去上班。结果三天过去了，我每天晚上熬通宵看影片，白天在家睡觉。第四天，妈妈问我："你白天怎么那么困？我每天回家，你都在睡觉。"我说："晚上熬夜看片了。"妈妈听了很是担心，说我太小了，不能这么熬夜的，对身体不好。我回答："你不是也要上夜班吗？白天补回来不就行了？"妈妈说："那不一样的。这么熬下去，整个暑假你会止而不前的。比如你的身高，你的学习！"妈妈接着说，一通宵醒着的精力损失大概相当于连续登山一上午，由此带来的坏处有：头晕眼花，耳鸣，四肢乏力及注意力和思考能力严重下降。而且对视力、整个消化系统的损害也是非常大的。

妈妈说："我们成年人是没有办法，我们为工作牺牲。可是你们不同，你们都还在长身体，不能这样生活！"

 **贴心的话**

对于青少年来讲，没有特殊情况不要熬夜。即使成年人，熬夜对身体的损害也是巨大的。只是由于生活节奏的加快，不少人感到白天时间不够用，常利用晚上去干那些白天未干完的工作，甚至成为习以为常的事。夜生活越是丰富，我们似乎就越有理由纵容自己减少睡眠，加入熬夜的行列。殊不知，熬夜大大减少睡眠时间，大脑和器官得不到休息调整，给健康带来严重的危害。

对于引导孩子形成正确的生活习惯和作息，家长应该首先做好榜样。必须熬夜的话，建议每熬夜（23:00以后）1小时，做一次眼保健操，否则后果严重。一定要注意，戴眼镜是很痛苦的。

专家提醒

熬夜给人们带来的危害不仅仅是黑眼圈、长痘痘或是肝火上升那么简单，它对身体所造成的危害极大，可使人体处于亚健康状态，甚至使机体器官受损而出现各种疾病。熬夜的危害简单地说有以下几个方面：

第一，睡眠不足会提高压力激素的含量，令我们所感受到的压力迅速提高到新的水平。

第二，体能和精力都会因为睡眠不足明显下降，智力水平、集中精力的能力和决策能力也会受到不同程度的影响。

第三，不充足、不规律的睡眠会严重影响学习的进度，并将大脑单位时间内能摄入的信息量减少将近一半，学习新事物极易受挫。

第四，睡眠过少可能会让你在并没有处于困境的情况下也会感到压抑，心理承受能力明显下降。

第五，熬夜不仅使脸色暗淡无光，还长满了暗疮，眼角鼻梁上也无可救药地爬上了细纹，眼睛也长成了"熊猫眼"，还会觉得脸部皮肤有紧绷瘙痒的感觉，或是有脱皮的现象。

熬夜给人体带来的危害远不止以上这些，不规律、不健康的生活方式当然需要彻底改变过来，不过生物钟也并非一天两天就能调整到最佳状态的。

31．可怕的"猛转头"

前几天听奶奶聊天，说隔壁的张爷爷住院了。想着张爷爷那慈祥的面容，前几天还给过我好吃的东西呢，瞬时就住院了，心里有点接受不了。我问奶奶，张爷爷为啥住院了？奶奶说，本来好好的跟我们聊天呢，后面有人喊他，他猛地一转头，就这么晕过去了。我们都吓坏了。人老了，零件都不好用了，连转头这么日常的行为都会要人命，真是了不得！

听了奶奶的话，我心里又难过又害怕。难过的是张爷爷的健康，害怕的是我最近也发现自己转头有毛病了。比如当我一左一右连续转头的时候，就会疼一下，这种疼的感觉很轻，但却是存在着的。我不知道是什么原因，每天都要转几次试试，看还疼不。可怕的是，我觉得越来越疼了，这是什么原因呢？我会不会哪天也像张爷爷那样猛一转头，就晕厥了呢？可是我还是个孩子啊！

过了一段时间，我把这件事告诉了妈妈，妈妈也很担心。她赶紧带我到医院去检查。医生说这是颈椎小关节紊乱，关节韧带牵拉过度所导致的。我妈妈很好奇，怎么会发生这种事情呢？医生说，可能是日常的转头习惯不当造成的，建议我千万不要猛转头，这个习惯容易损伤颈椎，引发脊椎病。

贴心的话

人老了，因颈椎椎体退化，常罹患骨质增生或其他颈椎疾病，加之颈部肌肉僵硬，大脑毛细血管网也呈现闭锁或退化，往往供血不足。如果猛然回头或猛然转头很容易造成颈部骨质损伤或因脑缺血而出现晕船晕车样反应，甚或站立不稳，造成跌扑损伤。所以老年人忌讳猛然转头。而对于我们处于青春期的孩子，其实也是如此，照顾好自己的身体，从日常习惯做起。

专家提醒

有的颈椎病患者走在路上听人呼唤，猛回头张望，就突然昏厥、不省人事了。通常这种情况就是由颈椎疾病引起的。因此，养成良好的习惯，保护好脊椎对我们的健康有着非常重要的作用。

人的正常生理活动依赖于意识的清醒，而清醒的意识是靠大脑皮质及脑干网状结构的正常功能来维持的。另外，机体尚有一套由内耳迷路、前庭神经、脑干前庭核和大脑颞叶前庭皮层中枢组成的前庭系统，专司平衡感觉。脑干网状结构及前庭系统等部位一旦受损，就可能出现意识障碍、肌张力降低或眩晕，导致平衡失调而跌倒。

青少年朋友除照顾好自己的脊椎之外，还要注意提醒家里的老人，在回头转颈时须严防意外。对于家中40岁以上的人，如果有慢性或一过性头晕耳鸣、听力障碍、恶心呕吐、视物不清、语言含糊、吞咽困难、持物落地等症状，应注意他是否患有颈椎病，明确诊断预防意外发生。

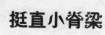

32．空调房带给我的肩膀疼

学校里有空调，因此，炎热的夏季不显得那么难耐。放暑假了，家里也有空调，使我倍感舒适。妈妈说，她在申请年假，申请下来后就可以带我出去旅游。我的心里那个美啊！于是，我决定，暑假的前几天快马加鞭把作业写完！

我给自己定下计划，每天6点起床，写作业到10点；下午3点到6点也是写作业的时间，余下的时间吃饭、洗澡、睡觉、看电视。总之，就是窝在家里不出门。但是，当我坚持到第四天的时候，我发现自己开始肩膀疼了。妈妈给我做了做按摩，好像有点效果，到第六天又开始疼了。妈妈心疼我，带我到专业的按摩机构。在那里遇到了一位阿姨，她说，在单位空调房里加班加点，忙碌了一天之后，关上了电脑准备收拾东西回家。一站起来，直觉得脖子僵硬、肩背部沉重、头晕脑涨，忍不住用拳头捶了捶酸痛的肩头，用手指掐了掐晕乎乎的脑袋，觉得自己真是老了，之前这么工作也没有什么的。按摩师回答说：你这是劳累过度，脊椎劳损了！

我恍然大悟，是不是我也是因为在空调房里写作业过度，脊椎劳损了呢？

肩膀疼和脊椎病，都是脊椎劳损的体现。长期在空调房中会导致汗腺关闭，影响正常的代谢分泌；长时间静坐不动，又会造成颈部运动平衡失调，使颈部肌肉、神经、脊髓、血管受累，久而久之就会导致颈椎病。有科学家推测，人的寿命应在120岁左右，但实际上中国人的平均寿命只有72岁左右，其中脊椎问题是让我们寿命缩短的直接原因之一。因此，爱护我们的脊椎，要从日常生活做起。

医学专家认为，中医学上就有寒主痛的说法。寒冷减缓了血流速度，遇到病变部位，气血回流不畅的现象就更加突出，也就更易造成肌肉血管痉挛，从而使不太明显的症状，在短时间里明显化。因此，无论脊椎是否健康，都应注意温度的适宜。

就目前病人年纪越来越轻，其中又以颈椎、腰椎病变居多的现象，医学专家认为，这与长时间使用电脑、长时间伏案工作等生活方式有着直接关系。因此，在长时间低头伏案之时，应该注意休息，以避免循环不畅、筋脉劳损、肌肉痉挛而引发脊椎损害。

医生建议，一个姿势保持的时间不应该超过2小时，之后应该配合适当的颈部、腰部舒展活动，其运动时间可长可短，但必须长期坚持形成习惯。同时，还要注意保暖。

33．做家务做出的脊椎病

自从有了，我妈妈就不再上班了，她变成了全职主妇。后来，我上学了，妈妈又变成了我的全职保姆，负责接送我上学和一日三餐。然而我发现，我越大，妈妈的身体却越不好。最近又累出了脊椎病，我心疼坏了。

中午放学回家，在电梯里遇到了隔壁阿姨，猛然想起来这个阿姨跟我妈妈年龄相仿，也有跟我一样大的孩子，也是全职，可是看上去她的身体比我妈妈可好多了。于是我跟阿姨聊起了养生之道。阿姨说，她也没有什么养生之道，平时家务做得太多了，没事就练习瑜伽，让自己的身体拉伸一下，要不这老胳膊老腿的，还真受不了。

我回到家以后建议妈妈也去练习瑜伽，可是我妈妈却不以为然，说："我每天做这么多家务，都等于锻炼身体了，有点时间还想休息休息呢，哪里有那么多精力去练习瑜伽啊！"听了妈妈的话，我也不知道该怎么说和怎么做了。似乎妈妈的话也是有道理的。但是为什么同样都是忙家务，练习瑜伽的阿姨比妈妈的身体看上去更好呢？

贴心的话

做家务并不等于锻炼身体，这是故事中的妈妈应该注意的问题。做家务是多次重复做某个动作，这个动作做多了，身体的某个部位就会有劳损。而健身运动则是有针对性的锻炼。这就是为什么练习瑜伽的阿姨比妈妈身体更好的原因。只有妈妈接受了这个观点，才能深刻地认识到自己脊椎病的病因，并作出相应的调整措施。

千万不要以为做家务就等于健身了。对于很多家庭主妇来讲，厨房成了她们的"主战场"。身为孩子，我们看着自己的妈妈每日辛苦劳累，想帮助她们。如果她们不愿意参加健身活动，那么可以帮助妈妈们养成良好的做家务的标准动作，这样，既能劳作又能健身，还体现了我对妈妈的关心，何乐而不为呢？

由于目前许多家庭的厨房较为狭小，厨房用具的高度也不太合理，因此，在做择菜、切菜、淘米等家务活时往往会因为姿势不当而出现腰痛。例如，人们常需在水池前反复多次的弯腰干活，由于腰部弯曲度增加，必然会引起腰痛，而一旦水池的高度不合理，特别是水池过低，则更易增加腰部的负担。

因此，首先要检查一下妈妈的"战场"，并帮助妈妈去改正：

如果水池过低，可以在洗菜、淘米时在水池里垫一些物品自我调节一下高度；或准备一个矮凳子，将一只脚搁在上面，使膝关节呈屈曲状态干活，这样可以减轻腰部的弯曲，使腰部承受的负担减轻。

在择菜时，可以找一个高度合适的台面，在台面上择菜；或是坐在一个高低合适的小凳子上择菜，以避免腰部的过度前屈。

切菜时也尽可能不弯曲腰部，并尽量使体重均匀地落在双脚上。切菜间隙适当活动一下身体。

34．遗传性脊椎病该如何是好

我只有12岁，身高已经168厘米了。但是我的脊椎不好，有20°S状侧弯，侧背部肌肉僵硬、隆起，右侧肌肉萎缩，肋骨已经变形并且塌陷，第9胸椎为最高点。整体右旋。经检查，幸好还没有出现椎体楔形病变。

4年前，我的爸爸患上腰椎间盘突出症，经几次调整治愈。现在又轮到我了，因为我一直自己洗澡，外观也看不出来侧弯，所以一直没发现。这次还是和一个同学一起洗澡发现的，我自己也感到了不舒服。现在我马上就要开学了，却被带到医院来就诊。医生使用专业的手法矫正，5分钟复位，还有近5度的误差。为什么我会如此呢？是学业过重还是身高太高？我不得而知。

医生怀疑是遗传性脊椎病，但我的爸爸不是先天性的啊！随后对我的妈妈进行检查，果然，发现与我症状一致！我们突然想到妈妈有多年顽固性头痛、偏头痛以及腰痛的病史。妈妈也有脊椎侧弯，仅10°，于是也做了简单的矫正调整。原来是第9胸椎椎体右旋向左侧凸起压迫对应脊神经引起的（与我一样），经对症调整后立即缓解。

听说过很多病能遗传，从来没听说过脊椎病还能遗传！

说是遗传，但祖辈和父母一辈往往比孩子的问题要轻得多，而且出现脊椎病症状的年龄段一般要在中年以后，但是现在，青年人和学龄儿童群体中已经发现有脊椎病或者脊椎问题的情况出现，呈现严重的情况。所以要告知家长们，如果自己有脊椎病，一定要注意孩子的脊椎。

脊椎病不被大家所重视，因此知道的人不多。有些脊椎病是有遗传性的。

家长们由于缺乏这方面的知识，所以对自己和孩子的脊椎并没有多加注意，另外就是对孩子们的脊椎问题，比如斜肩、驼背等都归结于不良姿态，把注意力都用在纠正孩子的坐姿和课桌的高低等等。

要引起注意的是，学龄各阶段的青少年都可能出现脊椎问题，家长在发现孩子有脊椎问题后，应及时就诊检查。

35．暑假如此看电视，要不得

终于放暑假了，我梦寐以求的暑期生活开始了！这让我兴奋，让我开心！

早就听说一个好看的电视剧，因为上学期间学习压力大，我没有去看。这下好了，妈妈答应我只要考取班级前5名，就给我买电视剧的光盘，终于到手了！我从放假第一天起就开始看，真是太好看了！我每天从早晨爸爸妈妈上班就开始看，一直看到他们下班。有时，不吃不喝也不觉得饿。

就这么连续看了3天后，我发现不对劲了。腰疼得厉害啊！但是又想看电视，怎么办呢？找了个靠枕枕了一会，缓解了一点，但是疼还是有的。心想这么长时间看电视，虽然年轻但是身体还是受不了的，就好好睡一觉吧。没想到，睡完了，起不来了，那个疼啊。头也疼，恶心，难受极了！

妈妈给我熬了粥，喝了点粥，胃里依然不舒服。妈妈说可能是刚放假，身体还没调整过来，建议我给自己制订一个详细的计划，什么时间写作业，什么时间看电视，什么时间运动游戏等。这样有计划的生活，才能使身体适应，才能更加健康。我觉得是有道理的，赶紧调整了自己的作息，再也不那么长时间地看电视了。很快身体就恢复了。想想我刚放假时拼命三郎的姿态，真的有点不应该。

合理的作息不仅适合上学期间，即使放假了，也需要我们调整自己的作息，这样才有利于身体的成长和健康。

英国威斯敏斯特大学的研究人员发现，那些在早上5:22～7:21起床的人，其血液中有一种能引起心脏病的物质含量较高。因此，在7:21之后起床对身体健康更加有益。起床后可以先打开灯，这样将会重新调整体内的生物钟，调整睡眠和醒来模式。然后，喝一杯水，水是身体内成千上万化学反应得以进行的必需物质。早上喝一杯清水，可以补充晚上的缺水状态。

可以在晚上睡前看一会儿电视，让自己的身心放松一下，利于睡眠。但是要避免躺在床上看电视。躺在床上看电视反而会影响睡眠。

少年儿童的身体正处于生长发育阶段，长期以不良的姿势看电视，就有可能造成驼背或脊柱侧弯等疾病；老年人的腰椎已有不同程度的退行性改变，再加之长时间不良姿势看电视，其后果是相当严重的。

看电视时，有些人喜欢横躺在沙发上、倚靠着沙发、半起半靠在床头，这些不良姿势持续过久，加之被精彩的电视节目所吸引活动很少，不能及时地调整腰部姿势，加重了腰部负担，就会造成腰痛。为了避免因观看电视而引起腰痛，应注意以下几点：

电视机放置的高度要适当，即电视机的高度和人体坐位视线相平。过高或过低都会导致人体的脊柱曲度发生改变，并造成肌肉紧张。

要选择合适的坐具，要求坐具高低适中，并有一定后倾角度的靠背，有扶手更好，并采取一些辅助性的措施，如腰部加靠垫、脚凳垫着下肢。

要注意经常调整身体的姿势，适当的时候，站起来活动活动身体，这样可以避免腰痛。

36．我的青春期故事

我有同学在小学毕业的时候就来月经了，而我到初二才来！因此，我的发育总比同学晚2年！在那些女孩子一起私下里谈论穿什么胸衣的时候，她们也不愿跟我聊，因为我没有发言权。

但是最近我发现，我不一样了！不知道什么时候开始，我的胸也开始发育起来了。于是，我偷偷拿妈妈的胸衣穿。趁她不在家，我穿上她的胸衣和她的高跟鞋，在家里走来走去，觉得自己长大了！

妈妈下班后发现了我穿她的胸衣和高跟鞋，我很不好意思。妈妈是名骨科医生。她私下偷偷跟我说：你是不是该穿胸衣了？妈妈明天带你买吧？我开心极了！妈妈说：胸衣是不能随便穿的，穿不好会对脊椎有影响！我很诧异，这个跟脊椎有啥关系？妈妈说：在门诊中，经常有一些女病人诉说自己肩部不适，尤其是肩背部酸痛、胸闷、头晕、恶心、上肢麻木、头颈部旋转时有针刺感。通过检查发现，肩、背部肌肉，如背阔肌、肩胛肌、胸锁乳突肌呈不同程度的老化，X线检查则表现为颈椎肥大性改变。临床上称这类症状为"胸罩综合征"。

"胸罩综合征"是由于长期使用窄带式的胸罩或胸罩尺寸偏小、穿戴过紧引起的。这样的胸罩使皮肤好像戴上了一道细铁丝，当人体连续活动时，上肢肩部肌肉不断运动，而胸罩则在肌肤的很小范围内频繁地摩擦，时间长了，就可使这些肌肉过度疲劳，血液循环障碍而发生老化。此外，过紧的胸罩带限制了呼吸肌的运动，胸廓收缩舒张不畅，从而影响呼吸功能。致使肺换气不足，产生胸闷、

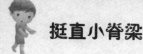

气促等症状。还有，胸罩带过紧可压迫颈部肌肉、血管、神经，使其受累，可诱发颈椎病，产生上肢麻木、颈部酸痛、头晕、恶心等症状。

听了这些还真有点害怕呢。感谢妈妈让我知道了这么多知识，从青春的一开始就懂得了如何去爱护自己。

很多女孩子进入青春期喜欢穿高跟鞋，但是高跟鞋的选择也是很重要的。穿高跟鞋后，因为骨盆的前倾增强，重力线通过骨盆的后方，使腰部为支撑体重而增加负担，随之后伸增强。这种过度的腰椎后伸可使连接椎间关节之间的关节囊处于紧张的状态，长期如此，就会造成腰背肌的过度收缩而导致腰痛。研究发现，鞋跟的高度增加1厘米，腰椎的后伸及腰背肌的收缩就会成倍地增加，这样，腰痛的机会也就会大大增加。

因此，对于腰痛患者来说，穿高跟鞋是完全不适宜的。而且为了预防腰痛，一般人也不要经常穿高跟鞋。处于青春期的女孩子，尽量不要穿高跟鞋为好。

进入青春期后，男女同学都有细微的变化。从脊椎健康的角度考虑，在选择胸罩和领带上，都是有讲究的：

在选购胸罩时，一定要注意大小适中，穿戴不宜过紧或过于狭窄。此外，要经常活动上肢，在肩部的位置移动吊带。睡觉时不要使用，在家不出门或不迎接客人时，也可以考虑少使用，这样可以解除或缓解其对胸部的束缚。如果出现文中所述的不适症状，不严重时，可以做局部热敷和按摩。若症状加重或增多时，应去医院诊治，以免病情进一步加重。

37．我需要按摩吗

我是个爱运动的大男孩，前段时间被学校选去参加市级运动会，结果很出乎我的意料，以前从来没有腰疼过，这次腰疼难耐。校医说，可能是脊椎受伤了，建议我去医院检查一下。我觉得自己年轻，受伤怕啥，几天就养好了，因此没有去检查，也没有告诉家长。

我的一个哥们知道我腰疼后喊我去按摩，说按摩能缓解腰疼，对脊椎病有效。我听了有点心动。

恰好，老爸这个周末带我们全家去泡温泉，想起每次老爸都要按摩的舒服模样，我也申请按摩一次。

结果，当按摩师踩到我的背时，我立刻觉得他好沉啊！之后就是莫名的难受，我没有坚持到最后就停止了。回来之后的那个晚上，我睡的一塌糊涂，浑身都不自在。爷爷批评爸爸说："你怎么让他也按摩了，他还这么小，怎么经受得住啊？"爸爸说："其实，按摩是有一定科学道理的啊，我每次按摩完都很舒服。"爷爷说："你是在泡温泉的地方按摩，不知道那里技术专业不专业，而且他也太小了，非成年人呢！如果他们让这么小的孩子也按摩，我就觉得不够专业了。"

专业不专业的我也顾及不上了，我就是不明白同样是按摩，为何我会如此难受？难道是我的脊椎真的受伤了，经受不住这么折腾？

贴心的话

不少人钟情于到"按摩院"、"洗脚屋"去舒筋松骨，在此我提醒大家，身体健康者大可不必随意"按摩"，胡乱的"按摩"非但于己无补，还可能给身体带来危害，甚至弄出人命。

"踩背"是时下颇为流行的一种按摩方式，其基本原理是正确的。但"踩背"是按摩中的高难动作，进行时一旦力量没掌握好，就有可能发生脊椎、肋骨等处的骨折，还会引起肝脾破裂及胸椎、腰椎、关节错位，甚至可能导致生命危险。

专家提醒

我们不主张青少年朋友接受按摩，如果有需要，一定要到正规的医疗机构进行按摩，而非休闲娱乐场所。现在许多名称不一的按摩机构鱼龙混杂，大多与真正意义上的按摩相距甚远。按摩是中医的一种有针对性的治疗手段，是物理治疗的一种方式。只有具备相关资质的医疗机构才能开展此项医疗服务。

同时，按摩也要根据自己的身体情况。一般在发热情况下不适宜按摩，患有银屑病、皮炎、血友病、血小板减少症等特异性体质的病人是不能进行按摩的，患有传染病的人进行按摩，也可能带来危险。

在具体按摩的时候，要核实一下对方是否有资质。一定要让有资质的按摩师给自己按摩，按摩技术需要专业的学习和培训，施行这一治疗手段的人必须掌握有关生理解剖、神经肌肉走行等有关医学专业基础知识。在施行前必须对接受者进行"辨证认知"，确定是否适合按摩治疗和如何进行按摩治疗。

在按摩的过程中，手法不能太过粗暴。不少地方在按摩时如果力量重且手法不当，很容易造成被按摩者软组织损伤、关节脱位，大幅地旋转、扭转还可能导致骨折。有些按摩机构经常使用刺激性的药物做治疗进行按摩，在使用一些诸如酒类、酊类、药膏等按摩介质时，如果适应证掌握不好，往往容易引起皮肤烧伤、挫伤，严重的则会出现皮肤溃疡。

38. 被子对身体的影响

放寒假回爸爸的东北老家，爷爷奶奶、叔叔姑姑抱膝而坐，心里舒坦又开心。可是到了晚上，又要体会那严寒的东北夜晚了。爷爷奶奶考虑我没有经受过严寒，他们精心为我做了一些厚重的被子和褥子，细心地为我铺好。

当夜晚来临，我躺在软软厚厚的被子里时，顿时觉得很憋气。但是当时也没有说什么，因为太累了，就这么睡着了。

第二天早晨起床后，我觉得自己腰酸背痛，特别难受。爸爸妈妈也觉得不好受。我们互相捶背、互相按捏了一上午，下午还是不舒坦，只好自己不断地做伸展运动了。之后，面对每个难熬的夜晚，我们都要做好第二天腰会不舒服的心理准备。

从东北老家回来，爸爸买了轻便的羽绒被，说这个被子很舒服。后来北京停暖气那几天，我们就用羽绒被。这个被子非常轻便和舒服，只是我发现一个问题。我每次晒完被子轻轻拍打的时候会发现在阳光的照射下，拍出许多的绒毛来，其实这就是短纤维。我当时就觉得，这被子怎么这么脏，那些短纤维是哪里来的呢？有时在翻被子的时候也有这种细微的小绒毛，会不会被我们吸进鼻子里呢？又想起自己每天早晨起床都会觉得喉咙干干的，是不是鼻子里吸了好多绒毛引起的啊？

贴心的话

　　早上喉咙干，可能有几种原因：一种是气候的原因；一种是打鼾的原因；还有一种原因，就是吸附了这种短纤维，喉咙痒痒的，引起上呼吸道感染，这也是健康人较易忽视的一方面。凡是短纤维的被子都有这种现象。

　　蚕丝被的桑蚕丝可以拉到1500米，这么长的桑蚕丝绝不会从蚕丝被中跑出来。可以做一个实验，你拿一把桑蚕丝和一把羽绒放到鼻子前呼吸，你不敢在羽绒前面呼吸，包括棉被，你都不敢长时间去闻，心里有一种闷闷的感觉，就是因为有无数个这样的短纤维被吸附进鼻腔，而闻桑蚕纤维的话，不会有不舒服的感觉，因为桑蚕纤维起到一种过滤的作用，这是一个很关键的原因。

专家提醒

　　人类排毒的主要途径是排尿、排便和排汗。每天晚上睡觉的时候，皮肤并没有休息，他还在继续排除体内的毒素。皮肤上散发出来的水气和热气，内含人体内排出的毒素，所以"被子越厚越好"并不科学。被子厚只是保暖，当人们睡眠时，由于被子厚，人体与被子之间热气不断增多，又无法排出，在皮肤与被子之间就会形成一个高温高湿区，影响皮肤排毒的工作。你会感到非常的不舒服，很闷热，甚至第二天醒来，在脖子周围有很多的汗。这是因为被子虽然保暖，但不够透气，年轻人盖这种被子，经常会踢被子，第二天自然就容易感冒了。若长期睡在一个保暖但不透气的环境里面，很容易引起皮肤过敏。

　　桑蚕丝是世界上公认的最柔软、最健康、最符合人体"睡眠工学"的天然纤维，以100%桑蚕丝为填充料制成的蚕丝被，具有贴体、舒适的特质，帮助您在最短的时间里甜美入梦。桑蚕丝中含有18种氨基酸，这些氨基酸能够散发出叫"催眠因子"的细微分子，它可以使人的神经处于较安定的状态，所以盖上蚕丝被能够安神镇静、促进睡眠。

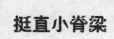

39．为何我会一条腿长一条腿短

原本我是个快乐的孩子，每天都无忧无虑地生活着。我爱唱歌爱跳舞，每次班级里有什么演出活动时，我都会踊跃参加。在舞台上，我总能获得最多的掌声。

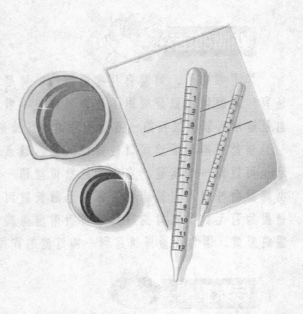

我非常享受在舞台上的每一分钟，在我很小的时候，我的理想就是成为一个舞蹈家。爸爸妈妈也很支持我的理想，他们给我报了舞蹈班，请了专门的舞蹈教练来教我跳舞。慢慢地我长大了，我从一个小孩子慢慢地成长为一个少女。

随着身体的生长发育，我发现我的身体竟然发生了一些变化。我的个子长高了，这是件好事，可是我的两条腿却变得一边长一边短。本来我没发现，还是教我舞蹈的老师发现的呢。刚开始我还不相信，后来我一个人偷偷地照镜子一看，我的腿还真是不是一样长啊！从此以后，我就再也开心不起来了，每天都闷闷不乐的。后来，妈妈领我去医院检查，原来我的两条腿不是一样长，是由于脊柱畸形引起的。

我不再上舞蹈班了，也不再积极参加学校的活动了。放学的时候，也不乐意走在同学的前面，就怕他们发现我一个腿长一个腿短。每天只有我一个人的时候，我都会偷偷地哭，为了我自己，更为我永远无法实现的梦想。我现在真的很烦恼，不知道该怎么办了。

 贴心的话

平常人们在形容女孩子美的时候，总是爱用"亭亭玉立"来形容。这就说明了，脊柱的健康、身材的挺拔对于一个人外表的美观是多么的重要啊！

可是有些孩子或者是由于先天的原因或者是由于后天不好的生活习惯，使自己的脊柱变得不那么挺直，甚至还出现脊柱畸形。不但影响了健康，而且影响了美观。所以，孩子们一定要好好地爱护自己的脊柱。

专家提醒

青少年脊柱畸形的危害有哪些？

第一，脊柱畸形不利于孩子们长高。脊柱畸形会引起脊柱本身的不平衡，从而影响孩子们身高的发育。一般来说，脊柱畸形的孩子身高会远远低于正常孩子的身高。

第二，脊柱畸形会影响孩子们的心肺等内脏器官的发育，不利于孩子们的身体健康。脊柱畸形会造成对心肺的压迫，进而引起心肺功能障碍，更严重的甚至会引发心肺功能的衰竭。

第三，脊柱畸形对孩子们的个人形象也有很大的影响。脊柱畸形可以引起驼背、两腿长短不一、骨盆倾斜、双肩不一样平等问题，这样是非常影响孩子们的外表美观的。

第四，脊柱畸形对孩子们的心理健康也有很坏的影响。一般患有脊柱畸形的孩子，往往会因为自身的缺陷而变得自卑内向，胆小害怕。

总之，脊柱畸形对孩子们身心健康的危害是非常大的。

40．我怎么会脊椎畸形了呢

开学了，经过六年的学习，于今年的九月份我成功地升入了初中。开学没几天，学校就组织了全体同学进行一次全面的体检。体检那天，大家都排着队去学校附近的医院体检。

排了半天，终于轮到了我们班体检了，我们拿着老师发的体检单，按照各个项目依次检查。最搞笑的是，抽血的时候，我们班有个长得又高又大的男生竟然哭鼻子了。都是初中生了还哭，真是胆子太小了。

过了好久我们终于体检完了。手里的体检单盖满了红章，还写满了龙飞凤舞的字。仔细看了看，没一个字能认得出来。我们把体检单交给了老师，然后高高兴兴地回家了。

第二天上学的时候，老师找到了我。她把体检单拿给我说，医生说我有些脊柱畸形，让爸爸妈妈有空的时候领我去医院看看去。我怎么会脊柱畸形呢？真是百思不得其解。后来想了想，我和其他的同学还真是有些不一样。因为我的两个肩不是一边平的，是一个高一个低的，虽然不明显但是要是仔细看的话还是能看出来的。

唉，也不知道这个病好不好治，会不会有啥生命危险，我可真担心啊！

在生活中我们总能看到：有的孩子走路的时候佝偻着背，弓着腰；有的孩子走路的时候，脚往外撇；有的孩子一个肩高一个肩低，一条腿长一条腿短。

对于这样的孩子，大人们总是会骂上一句，"不好好走路"就完了。更没有人会以为那些症状其实是病。其实，有以上症状的孩子很有可能患上了脊柱畸形的毛病。对于脊柱畸形，最好早发现、早治疗，只有这样身体才能健康，小背才能挺直。

脊柱畸形分为脊柱侧弯、强直性脊柱畸形、增生性脊柱畸形等几种类型。

脊柱侧弯是脊柱的一段或几段在冠状面上偏离中线向侧方弯曲，形成带有弧度的脊柱畸形。常伴有脊柱的旋转畸形和矢状面上生理弯曲的变化，胸廓、肋骨、骨盆、双腿的长度也会随之变化。

强直性脊柱畸形的患者在早上起床后常常会觉得腰部僵硬，经过活动后才可以减轻腰部僵硬的症状。强直性脊柱畸形也可能会引发踝、膝、髋等下肢关节及肩、腕等上肢大关节的炎症。

增生性脊柱畸形的患者腰椎边缘有骨质增生，呈唇形状，或有骨刺形成。椎间隙变窄或不规则，关节突模糊不清。

41．我不想做"丑小鸭"

我是个非常喜欢读书的孩子，我看过很多的课外读物。在所有的书中，我最喜欢的就是《安徒生童话》了，在《爱徒生童话》中，我最喜欢丑小鸭的故事。因为我就是只丑小鸭，与童话中丑小鸭的故事结局不一样的是，我是一只永远都变不成白天鹅的丑小鸭。

原本我是个快乐的小姑娘，爸爸妈妈很爱我，我也很听话，每天都过得特别开心。以前，我从来都没觉得我和别的孩子有什么不一样的地方。可是后来发生的一件事彻底地改变了我。

那还是在小学三年级的时候，我们班转来了一个特别调皮的小男孩。有一次，在校园里我和他碰到了。他仔细地看了看我，露出像发现新大陆般惊奇的眼光，然后他大声地对我嚷嚷起来，"你走路好怪啊，像个鸭子一样"。他的大嗓门马上把旁边的同学给吸引过来了，大家七嘴八舌地说，"真是这样的啊！我们以前怎么没发现呢？"我的自尊心受到了严重的打击，哭着跑回了教室。

我仔细地观察了下同学，结果发现他们和我走路真的不一样。我走路的时候，两个脚是向外撇的。走起路来真的像鸭子一样。从此以后，我再也开心不起来了，自卑的要命，就怕别人喊我"小鸭子"。为了不让别人嘲笑我，我甚至都很少在学校走动。

后来，爸爸妈妈领我去医院做了全面的检查，结果检查出来我是先天的脊柱畸形。我走路两个脚往外撇就是由于脊柱畸形造成的。现在我正在医生的帮助下接受治疗，也不知道能不能治好。我多希望有一天，能够像童话里的丑小鸭那样，最终变成美丽的白天鹅啊！

脊柱畸形不但会影响孩子们正常的生长发育，影响孩子们身高的增长，甚至还会影响孩子们的身体健康，更会影响孩子们外貌的美观。

一般患有脊柱畸形的孩子可能会出现一边肩高一边肩低，后背一侧隆起，下肢不一样长等状况，这是非常影响孩子们个人形象的。有很多患有脊柱畸形的孩子会因为自己的外貌而感到自卑。所以，脊柱畸形的危害是非常大的，必须引起家长们的重视。

造成脊柱畸形的原因有哪些？

造成脊柱畸形的原因大致可以分为先天性、特发性和特殊类型的脊柱畸形。

先天性脊柱畸形是由于脊柱骨性结构先天异常造成的。患者出生后就有半椎体、蝶形椎、楔形椎体、分节不良的病症。

特发性脊柱畸形的原因是脊柱畸形患者由于神经肌肉力量的失衡，导致脊柱原来应有的生理弯曲变成了病理弯曲。

特殊类型脊柱畸形的成因多种多样，例如佝偻病患者的脊柱受到过严重的损伤，或者患者患有脊柱炎，或者患者曾经做过脊柱手术等，都可能引发脊柱畸形。

42．我要小背重新挺起来

进入青春期以后，随着身体的长高，我的脊柱出现了一些问题。我的右侧后背隆起，两边的肩膀也不一样高。

最开始的时候，这些异常并没有引起我的注意。因为这些异常没有什么不适的感觉，所以刚开始的时候，不但爸爸妈妈没发现我的变化，连我自己都没觉得有什么不对劲的地方。

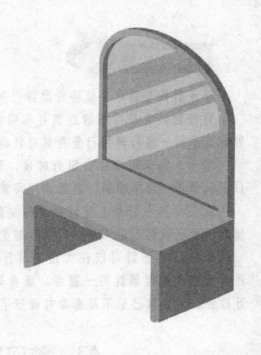

后来还是同学发现了我的异常呢。春天来了，大家都脱去了笨重的冬衣，换上了轻便的春装。那天，我穿了一件贴身的长袖T恤。那一节课是语文课，正在我认真听老师讲课的时候，我的后桌给我递过来一张字条。我打开字条一看，上面写着，"我发现了你一个秘密"。"我的秘密"。也不知道她发现我什么秘密了，可是我的确没有什么秘密啊！剩下的课，我几乎都没怎么听，满脑袋都在想她到底发现了我什么秘密了。

下课后，我把她拉到了僻静的地方问她。她神秘地小声对我说，"你两边的肩膀不一样高，而且你的后背还有一侧是突起的。你以前穿得多我都没发现，今天终于让我发现了。"我这才知道我的身体出现了问题。

我让爸爸妈妈领我去医院检查，结果是脊柱畸形。后来，医生给我介绍了一种矫正脊柱畸形的方案。在医生的帮助下，我的脊柱畸形症状得到了缓解。医生很有信心地告诉我，只要坚持治疗，很快我的小背就又能重新挺拔起来了。

贴心的话

脊柱畸形的毛病有很多是一种先天的缺陷，病人在出生的时候就会有这样的毛病。当然也有一部分的脊柱畸形是发生在孩子们生长发育之前的，并随着孩子们的生长发育而越发严重。对于这种情况的脊柱畸形，生长发育之前是孩子们最佳的治疗时期。

所以，处于发育期的孩子们一定要多多关注自己身体的变化，争取做到早发现、早治疗。

孩子们该怎样做才能检查出自己是否患脊柱畸形呢？

有的时候脊柱畸形的症状并不明显，孩子们必须仔细观察才能发现。以下教给孩子们一些检查自己是否有脊柱畸形的方法以供参考。

第一，孩子们在穿衣服的时候，要看看自己的领口是不是一样平。如果领口很明显不一样平的话，那就说明可能是脊柱畸形了。

第二，孩子们穿上比较单薄的衣服，最好是紧身的，然后在大镜子前面仔细观察自己的两肩是不是一样平。如果不一样平，就说明可能脊柱畸形了。

第三，孩子们可以在大镜子前仔细观察自己的身体，如果后背有一侧隆起，或者一侧髋部比另一侧高，或者两条腿不是一样长，那么就应该去医院好好检查，看看自己是不是患脊柱畸形了。

43．为何我的背弯了

我喜欢享受，喜爱吃、喜欢睡。我对睡的要求很高，我特别不喜欢睡硬板床，我睡的床必须是又温暖又舒适的，要不然我会睡不着觉的。所以，我让妈妈把我的床弄得厚厚的、软软的。每天晚上学习完，躺上去可真舒服啊！就像躺在了棉花堆里似的，感觉一天的疲惫全都无影无踪了。

我既爱比较爱享受，又比较懒。只要是坐着，我总是会往椅子上一缩，那样特别的舒服。站着的时候，我也是猫个腰，因为这样不累。虽然总有人好心地告诉我要坐直了、站直了，要不然就长不成挺拔伟岸的帅哥了。可是，我觉得我的背已经很直了，不需要再直了，而且坐直了、站直了很不舒服，好累啊！我才不要呢。

后来有一天，我和爸爸一起去浴池洗澡。我和爸爸说好了要互相搓背。我给爸爸搓完了，爸爸该给我搓了。搓着搓着，爸爸突然惊呼了一下，"儿子，你的后背怎么隆起个包啊？"我当时吓了一跳，赶忙跑到浴室的大镜子前面照了照，结果我发现我的背不再挺拔了，弯弯的跟个虾米似的。

我吓坏了，第二天就让爸爸领我去医院检查，结果是脊柱畸形。一照镜子，我是真后悔啊。看来我的帅哥梦想是破灭了。我还是乖乖地听医生的话赶快治疗吧，要不然将来成罗锅了可怎么办啊？

要想有挺拔的身躯，良好的生活习惯是必不可少的。有的孩子平时特别不注意，爱睡软床，走路的时候总是佝偻着背，坐的时候也不坐得端端正正的，结果天长日久脊柱出毛病了，后背也不直了。年纪轻轻的小孩子从后面看就像个老人似的。

为了避免出现这样的情况，孩子们一定要养成良好的生活习惯，只有这样才能有挺拔的身躯和健康的身体。

孩子们该怎样做才能避免脊柱畸形呢？

第一，孩子们最好睡硬一些的床，不要睡过于柔软的床。人的脊柱从侧面上看是弯曲的，医学上称之为"生理弯曲"。"生理弯曲"的存在是一个人脊柱健康的标志。但是如果孩子们长期睡过于柔软的床，身体的自重会使脊柱的"生理弯曲"改变。为了保护好自己的脊柱，让自己的脊梁能够更加的挺拔，应该睡硬一些的床。

第二，为了保护好自己的脊柱，不加重脊柱的负担，孩子们不应该穿着过大的鞋子。因为这会加重脊柱的压力的。

第三，孩子们在选择鞋子的时候应该避免穿硬底、厚底的鞋子。女孩子们也不要为了美过早地穿高跟鞋。因为穿着这些鞋会加重脊柱的负担，不利于脊柱的健康。

44. 我的驼背还能好吗

我是一名初中女生，进入初中以后，我的身体就处于飞快成长的阶段。我的个子从原来的一米六长到了一米七。原来在我们班我是比较矮的，可是现在我竟是班级里比较高的了，甚至有些男生都没我高。

有很多人看到我的个子都说这孩子长大可以当模特了，其实我还真有这样的想法。等我初中毕业了，估计还能长得更高，到时候我就当模特去。可是天不遂人愿，随着我的个子长高，我的身体又出现了其他问题。因为我发现我原来笔直的小背竟然有些驼了。

刚开始并没有注意到我的背驼了，爸爸妈妈也没注意到。后天，突然有一天妈妈惊讶地说，宝贝，你的后背怎么驼了呢？我这才照镜子一看，真的是驼背了。修长纤细的身体上在背部鼓起了个大包，简直难看死了。为了这件事我伤心难过了很久，后来上学的时候，陆续也有不少同学和我说我的背有些驼。我现在简直都自卑死了，再也不敢穿贴身的衣服，每天都把自己裹在肥肥大大厚重的衣服里，就怕别人看出来我驼背。

我想当模特的梦想是彻底破灭了，谁会要一个背驼得像个骆驼似的人呢？一想到这点，我都会伤心地哭一回。难道驼背就不能治了吗？难道我就得像乌龟似的背个重重的壳过一辈子吗？

后来，妈妈领我去了医院，医生说驼背经过科学的治疗与矫正是能够恢复正常的。一听到这些话，我心里的石头终于落了下来。看来我当模特的梦想还是有可能会实现的。

贴心的话

可能很多孩子都会有这样的感觉，就是班级里长得高的同学一般或多或少的都有些驼背，几乎很少有非常挺拔笔直的。

驼背不但不利于孩子们的健康成长，而且还影响美观。所以，孩子们一定要予以充分的注意。其实，驼背的形成多半与孩子们的不良生活习惯有关系。所以，孩子们一定要养成良好的习惯，走路的时候要挺胸抬头，坐的时候要坐姿端正。

专家提醒

孩子们平时要怎样做才能预防驼背呢？

第一，孩子们在日常饮食的过程中要注意营养的均衡，多吃些含钙丰富的食品，适当地晒晒太阳，这样有助于骨骼的健康发育。

第二，孩子们应该多睡硬板床，少睡或者不睡太过于柔软的床，不要枕过高的枕头。

第三，走路的时候要注意自己的行走姿势，不要弓着背、低着头走路，要挺胸抬头。坐着的时候也要注意自己的坐姿，坐姿要端正，不要佝偻着背。

第四，平时可以适当做一些扩胸运动，这样是非常有利于防止驼背产生的。

45．驼背了怎么办

原本我是一个玉树临风、高大挺拔的大帅哥，可是后来不知为什么我的背竟然驼了。近看是挺帅气的小伙，远看竟然像个大虾米似的，真让我郁闷。

自从驼背了以后，我变得越来越自卑了。想想以前的我是多么的自信啊！学校组织的活动我总是踊跃参加，几乎每次活动里都有我高大帅气的身影。在与同学的交往过程之中，我也很自信，总是很容易地交到了好朋友。可是现在的我越来越自卑了，学校的活动我再也不参加了。因为我特别怕大家看到我的驼背，怕大家笑话我。也不爱说话了，怕他们会瞧不起我，不乐意和我做朋友。

我现在每天都闷闷不乐、心事重重的样子。后来，我和妈妈说了我的心

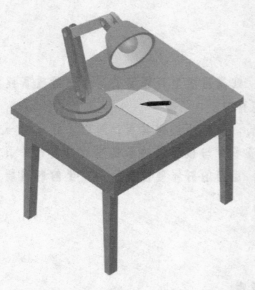

事，妈妈不仅安慰我，还带我去医院做了检查。医生很有信心地说，只要经过一段时间的矫正我是能恢复到正常的。一听到这句话，我的心里乐开了花。

医生给我制订了非常周密的康复计划，其中包括做一些矫正的体操。说实话，做这些运动刚开始还挺新鲜的，可是时间长了，实在是无聊得很。有好几次我都想放弃了，可是一想到我现在的样子，我就下定决心坚持下去。在我治疗驼背这个阶段，爸爸妈妈也给予了我无条件的支持和鼓励。他们总是鼓励我，让我坚持不要放弃。有的时候，爸爸妈妈甚至还会陪我一起做体操呢。我真是感动得不得了，为了爸妈我也要坚持啊！

经过一段时间的矫正治疗，我的背竟然没那么驼了，看着我一天天又变得高大挺拔起来，我心里真是说不出的高兴。

现在随着中小学生课业负担的加重，再加上有些学生特别不注意养成良好的生活习惯，走路的时候老低个头，坐的时候总弓个背，结果很多学生都驼背了。

驼背不但对于孩子们的健康不利，也影响孩子们的个人形象，更重要的是有的孩子还会因此变得自卑起来。

其实，驼背并不是不可以治疗的，只要平时养成良好的习惯，积极做些矫正的锻炼，都是可以恢复正常的。

以下可以教给孩子们一些矫正驼背的锻炼方法：

第一，这是一种非常简单易行的锻炼方法。只需要一把椅子就可以了，孩子们可以在家里没事的时候或者在学校下课的间歇做做，效果是非常好的哦。首先选择一把有靠背的椅子，最好是木制的，椅背最好是直的；然后孩子们坐在椅子上，背部要紧贴在椅子上坐直了，孩子们的腰背也要挺直了；坐好了后，孩子就可以做抬头和向上向后直臂翻掌与转肩动作。

第二，这种锻炼方法非常适合在体育课上或者下课的间歇在操场上练习。现在几乎所有的学校都设有单、双杠等体育器材，所以孩子们可以在下课的时候，找一个单杠，然后双手正握单杠，身体悬垂。然后身体向后仰。这种锻炼方法对于孩子们来说是非常方便可行的，也是非常有效的哦。

46．我的脖子很疼

自从升入初中以来，我们的学习就越来越忙碌了起来。每天都有写不完的作业、看不完的书，上初中可真辛苦啊！

我是大家公认的好孩子，学习非常刻苦，学习成绩也不错，几乎总是班级的前三名。我知道在我们班，有很多同学都很羡慕我的学习成绩。在他们心目中我简直太厉害了，好像轻轻松松地就能拿到好成绩。其实，他们这么想就错了。这世界上哪有不努力就能取得好成绩的人呢。他们光看到了我的成绩，却没看到我背后付出的汗水和艰辛。

在大家都玩的时候我在学习，在大家都睡觉的时候我在看书。我牺牲了无数个睡觉、休息的时间，才取得了今天的好成绩。

就在我每天为了获取知识而拼命学习的时候，我生病了。我的脖子疼得厉害，就像马上要折了一样。不低头还好，一低头脖子就疼得要命。写作业看书对于我而言是件十分痛苦的事，因为只要我一低头，脖子就疼。

后来，妈妈领我去医院看了医生。原来我是因为长期伏案学习，不注意运动造成的常见性颈椎病。医生给我开了几贴膏药，让我贴到了脖子上。然后还让我在医院接受牵引治疗。经过一段时间的治疗后，我的颈椎病终于好了。但是医生说，以后也不能太大意，学一会就得站起来锻炼一下，要不然还会犯的。

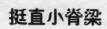

贴心的话

　　颈椎病在青少年学生之中是常见的疾病。一旦患上颈椎病不但会给孩子们带来身体上的不适，而且还会影响到他们正常的生活和学习。

　　青少年的颈椎病主要是由于孩子们长期伏案学习，以及其他不良行为姿势造成的。所以孩子们在日常生活和学习中一定要养成好的习惯，以达到预防颈椎病的目的。

专家提醒

　　孩子们应该怎么做才能预防颈椎病的发生呢？

　　第一，应该避免长时间埋头学习。孩子们应该在学习一段时间后，适当地活动一下自己的颈部。而且在学习的时候，也应该注意一下自己坐姿。坐的时候应该两脚分开与肩同宽，头部略微前倾，保持头、颈、胸的正常生理曲线。

　　第二，睡觉的时候枕头的高度应该适中，过高或者过低的枕头对于颈椎的保养都是非常不利的。孩子们睡觉的时候应该确保枕头是中间低、两端高，两端高应与肩的宽度相当。

　　第三，在日常生活之中也应该避免不良姿势对自己的颈椎造成损伤。比如有些孩子学习学累了，就喜欢趴在桌子上休息和睡觉，这是很容易造成颈部劳损的；有的孩子喜欢躺着看书，这样不但对眼睛非常不好，而且对颈椎的健康也是非常有害的。

47．治疗颈椎病的好方法

　　学习没学出什么成果，倒得了颈椎病，我可真倒霉啊！

　　得颈椎病可真不舒服啊！脖子疼得要命不说，后背和胳膊还酸疼得难以忍受。不但身体不舒服，还影响了我的学习。一低头看会儿书、写会儿作业，脖子就疼得受不了。我们同学之中也有脖子疼的。我问了他们，他们说你好好歇几天就没事了。没办法，这几天我只好把学习的事放一放，好好养病了。

　　养了几天，我的颈椎病也没有好转的迹象，反而更加严重了。这下我可真的着急了！就这几天我已经落下了不少功课，马上就要考试了，我可怎么办呢？后来，我听说多做做颈部的锻炼非常有助于颈椎病的治疗，我打算试试。

每天学习一会儿，我就站起来走走，活动一下颈部。自从得了颈椎病以后，我也更加注意我的站姿和坐姿了。走路的时候，我总是挺胸抬头。坐着的时候，我也坐得端端正正的，不再像以前那样弓个背、猫个腰了。没想到一段时间以后，我的脖子没那么疼了，后背也不酸疼了。看来这个方法还是挺有效的！

"祸兮福之所倚"自从得了颈椎病后，我比以前更加注意脊柱的健康了，也养成了很多很好的习惯。现在我走路的时候，小背挺得直直的，不但颈椎病再也没犯，而且人看起来也更自信、更有精神了。

沉重的学习压力，使很多年幼的孩子们早早地就患上了颈椎病。得了颈椎病可真不舒服啊！脖子疼、后背疼，不但身体难受，还影响到孩子们正常的生活和学习，所以一定要及早治疗才行啊。

除了接受医生的正规治疗外，孩子们不妨在学习累了的时候，多做些颈部运动，放松一下自己紧张的颈部，这样更有助于颈椎病的治疗。

以下给孩子们介绍几种有助于治疗颈椎病的锻炼方法：

第一，这种方法是非常简单易行的，不受任何时间、场地的限制，只要想，随时都可以做。做这个运动的时候，孩子们可以采取站姿或者坐姿，用自己的两手拇指抵住颈后的风池穴，其他手指固定在头顶部，双手同时做按摩。

第二，这种方法使用起来也是非常方便的。采用这种方法的时候，孩子们最好采用站立的姿势。然后头分别向前伸、向后伸、向左伸、向右伸。做这个运动的时候，动作宜缓慢。

第三，这种方法孩子们采用站姿或者坐姿都可以。双手叉腰，头轮流向左、右旋转。做这个动作时要缓慢进行。

第四，这种方法采用坐姿或是站姿都可以。双手自然下垂，颈部尽量向上升，做类似于顶球的动作。

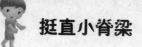
48．颈椎病的危害

因为要期末考试了，我的学习任务一下子变得特别重，每天都得学习到后半夜。这样的学习节奏刚开始我非常不适应，可是为了期末取得好成绩，我只能拼了。后来，慢慢地就适应了。

就在我刚开始适应这样勤学苦学的生活没几天，我的身体就出现了一些问题。脖子和后背疼得厉害，刚开始我也没当回事，还以为是床不舒服的缘故。所以晚上的时候，我就把床铺得更加柔软舒适，晚上学完习，我躺在床上很快地就睡着了。第二天早上一起床，我发现我的脖子和后背更加疼了。唉，这到底是怎么回事呢？

疼就疼吧，为了考试我就先忍了，等考完试再说吧。随着我学习劲头的高涨，我的身体愈发的不适。除了脖子和后背疼之外，肩膀也酸疼得要命。而且即便晚上睡得很好，第二天我也头晕头疼得厉害。最闹心的是，我还出现了耳鸣的症状。特别是晚上，耳鸣更加严重，耳朵里就像有个小池塘似的，里面的青蛙和小虫叫个不停。

吃东西的时候，吞咽也很不顺畅，总有种异物感。眼睛也不知道是怎么回事难受的要命，不但看东西看不清楚，眼睛还特别怕光，特别爱流泪。最让我受不了的是，我还出现了便秘的现象，这可是从来都没有过的事啊！每天在厕所里蹲半天也拉不出来，肚子胀得鼓鼓的，跟青蛙的肚子似的。每天虽然很饿，可是吃点就饱得不行了。

终于熬到了考完试，我就赶紧让妈妈领我去医院看病。说实话，我还以为我得了不治之症了呢？在去医院的路上我可担心坏了。后来，一检查原来我这是颈椎病捣的鬼啊！看来，颈椎病的危害还挺大！

贴心的话

颈椎病的危害是非常大的。颈椎病除了能引起颈部、背部的疼痛外，还会引起患者头晕、耳鸣、晕倒、吞咽困难、便秘、眼睛不适等各种各样的健康问题。最严重的是，颈椎病还会让患者瘫痪。所以，颈椎病的危害是非常大的。

所以，孩子们对于颈椎病必须予以充分的重视，一旦发现必须抓紧治疗。

只有拥有健康的身体，才能够好好学习，才能够将来为祖国多作贡献。

专家提醒

颈椎病的危害有哪些？

第一，颈椎病会引起颈、肩、背部的酸痛。得了颈椎病的孩子会感觉到脖子特别的僵硬麻木，活动起来特别的困难。这点对孩子们日常学习的影响是非常大的。所以，孩子们一旦确定自己得了颈椎病就必须马上抓紧治疗，以免耽误了自己的学习。

第二，有的颈椎病患者在吃东西的时候常常会有异物感，有的甚至还会出现恶心、呕吐、胸闷等症状。

第三，颈椎病可能会引起脑供血不足，从而导致突然晕倒的现象。

第四，颈椎病可能诱发大脑枕叶视觉中枢缺血性损害，导致患者出现视力下降、眼睛胀痛、怕光、流泪等现象。

第五点，一些颈椎病的患者甚至还会出现腹胀、便秘的现象。

49．原来眩晕是因为颈椎生病了

不知道从什么时候起，我经常发生眩晕的症状。逛着超市，或者走在路上，就觉得自己晕了，然后蹲下来稳定一会就好了。我不知道是不是生病了。在我们运动会的赛场上，我还不是参加比赛的，只是去给同学送东西，跑的着急了点，就突然地昏倒在地上，起不来了！

老师带我去校医那检查，医生说脊柱可能有点问题，建议我去医院检查。后来，妈妈带我去医院，医生确诊为：椎动脉型颈椎病。我心里满是疑问：椎动脉型颈椎病跟脊柱有啥关系呢？

医生解释说：眩晕是椎动脉型颈椎病病人的常见症状，病人因为颈部的伸展或旋转而改变体位诱发眩晕症状。前庭神经核缺血性病变引起的眩晕，一般持续时间较短，数秒至数分钟即消失，发病时病人可有轻度失神及运动失调，表现为行走不稳或斜向一方；迷路缺血性病变引起的眩晕不伴意识障碍。前庭神经病变引起的眩晕属中枢性眩晕症；迷路缺血性病变属周围性眩晕症。部分

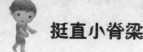

病人有恶心感，急性发病时病人不能抬头，少数病人有复视、眼颤、耳鸣及耳聋等症状。

在体征方面，发病时颈部活动受限，做颈部旋转或活动可引起眩晕、恶心或心慌等症状；部分病人在患侧锁骨上听诊检查能听到椎动脉因为扭曲、血流受阻引起的杂音；后颈部拇指触诊能摸及椎体向一侧呈旋转移位，同时棘突及移位的关节突关节部有明显压痛。

听了医生的话，我心里还是开心不起来，我还这么年轻，怎么就如此了呢？

对于颈椎病，大多数人的认识仅仅局限在颈型颈椎病，主要因为姿势性劳损、伏案工作、过度劳累，且长时间不积极治疗引起的颈椎疾患。这是颈椎病的初期阶段，也是发病人群最多的时候。在初期，仍有许多人会忽略它，最后发展成更加严重的椎动脉型颈椎病症状。当然，颈椎病各个阶段的症状表现都有些相似，椎动脉型颈椎病症状也不例外。

但是，椎动脉型颈椎病症状较我们一般认为的颈椎病要严重得多，它是由于颈椎退行性改变，脊椎内外平衡失调、压迫或刺激椎动脉，使脊椎的椎动脉受损严重，以致椎基底动脉系的供血紊乱的病症，是颈型颈椎病的升级版，不过也是略微常见的，发病的同时伴随头晕、恶心、记忆力减退、头部轻微的转动受限等明显的症状。在患病的人群中，大多数是因为脊椎的椎节不稳造成的，经非手术治疗便可好转，因此大家也不必过于忧虑。

专家提醒

除了眩晕之外，椎动脉型颈椎病患者日常生活中还会有头痛的迹象出现。在发病时，头痛和眩晕症状一般同时存在。其中枕大神经病变是引起头痛的主要原因。因为椎动脉分支枕动脉供给枕大神经，临床上椎动脉痉挛引起枕大神经缺血而出现枕大神经支配区头痛症状，为间歇性跳痛，从一侧后颈部向枕部及半侧头部放射，并有灼热感，少数病人有痛觉过敏，摸及头部即感疼痛明显。

另外，副神经周围支配的斜方肌，其根性的病变或该肌外伤后可引起斜方肌痉挛，而从斜方肌穿出的枕大神经支受到挤压诱发临床症状。寰椎或枢椎发生移位时也可刺激枕大神经而诱发头痛。

50．挺直的脊柱侧弯了

整个初中阶段，我几乎没有穿过裙子，因为我身材不好，穿裙子不好看。我不胖，为啥身材不好呢？据妈妈说，她总觉得我的肩膀一个高一个低。好在我也不在乎穿着，一直努力学习。我今年15岁，刚刚参加完中考。妈妈说要给我去商场买几件好看的衣服。但是在我试衣服的过程中，妈妈很惊讶地发现我的右边肩膀背后有一大片凸起。而且，整个肩膀向右边倾斜着，非常难看。

妈妈当时也顾及不上试衣服了，赶紧带我去医院骨科进行检查。检查后，医生诊断我是特发性脊柱侧弯，并告诉我和妈妈需要手术治疗，否则将会引起残疾。

拿到这个诊断结果，妈妈非常后悔，她说，2年前就发现我的左右两边肩膀有点不平，当时给我买了矫正带，以为矫正一段时间就会好的，但是没有想到会这么严重。医生说，如果不想手术，也可以通过一些保守的治疗来达到效果。因为手术是有一定风险的，手术过程中稍有不慎，患者就会因脊髓神经受伤而导致瘫痪，严重的甚至会危及生命。

通过近半个世纪的实践及大样本的病例总结，国际脊柱侧凸研究会（Scoliosis Research Society）指出，长期随访后手术组平均身高明显高于非手术组，其生活质量、身心健康都明显优于非手术组，许多患者手术后，在心理、生理上都有明显改善。因此，适时手术、器械矫形固定融合仍然是目前脊柱侧凸畸形治疗的有效方法。

贴心的话

脊柱侧弯检测方法：在孩子直立的情况下，观察双肩是否平行于地面；还可以让孩子弯腰，上半身平行于地面，观察后背是否有凸起处。一旦发现孩子双肩不平，或者背部有凸起，就应该及时到正规医院就诊。在不能针对病因治疗的情况下，除部分轻度的可行保守治疗外，手术矫形治疗仍然是当前针对病情进行性发展患者的主要治疗方法。

脊柱侧弯越早治疗效果越好，而由于该病治疗是一个相对缓慢的过程，因而寒暑假期间是治疗疾病的最佳时期。

专家提醒

脊柱侧弯俗称罗锅背，据不完全统计，我国1000名未成年人当中就有3～5名患有脊柱侧弯症。这种病症的病因尚不明确，但是它所引起的后果却很严重：轻者会引起孩子的自卑情结，容易使孩子不合群，沉默寡言；重者会影响到孩子骨骼、心肺功能的正常发育；非常严重的甚至还会导致儿童夭折。因此，家长应该予以足够的重视。

脊柱侧弯是脊柱异常弯曲导致的人体躯干畸形，正常人的脊柱从后面看是一直线，侧弯时脊柱呈"S"或"C"型，俗称"罗锅"，病因至今仍不甚明了。它是发病率较高（0.5%～1%）的一类严重危害青少年身心健康的疾病。女孩发病率明显高于男孩，约为7：3，其中青少年特发性脊柱侧弯70%～80%，先天性脊柱侧弯10%。严重的脊柱侧弯出现身体向一侧倾斜、躯干严重变形、双下肢不等长、走路姿势不正常，严重的畸形还会出现内脏受压迫，如心脏、肺等长期受压，上下楼心慌、气喘，每年多次感冒，小儿不能正常参加体育活动，此类患儿很难活到十八岁。

51．选双合适的鞋子

我觉得穿上一双自己喜欢的鞋真的能给自己更多的自信。但是，最近我有一个同学突然被查出脊椎变形了，据说与鞋子相关。到底怎样的鞋子能使脊椎变形呢？

据说，从小妈妈就喜欢给他穿大号的鞋子，如今他的脊椎已经严重变形了。回到家，我跟妈妈提起这个事情，妈妈当时就被吓住了，真的这么厉害吗？因为妈妈有时也会给我买一些大号的鞋子穿，她觉得小孩子长得快，大些的鞋子能穿得时间更长一些，不会浪费。

对此，热衷于研究的爸爸找了一些资料来核实。他说，给孩子穿大号的鞋子可以，但是不要太大了，太大了就会造成不良后果了。太大的鞋子不是节约的好办法，虽然孩子的脚比想象中的要长得快很多。但是过大的鞋子会使孩子

的脚走路不舒服，下肢行走起来很不协调。长期如此，会加重脊柱的压力，出现疼痛的感觉。严重的，就会出现我同学那个情况了，脊柱变形！

同时，硬底和厚底的鞋子也不要选择，会使我们在走路的时候脚底不能更好地接触地面，增加脊柱的承重力。女孩子还不能穿限制足踝活动的长靴，甚至是高跟、尖跟皮鞋。这样会加重脊柱，尤其是腰部的负担。美丽应以健康为基础。

在可能的情况下，尽可能不要赤足行走，尤其是夏季和温暖时节，足部受凉会促使和加剧下肢和腰部脊柱的疼痛。

妈妈感慨，一双合适的鞋子真的很重要啊！

贴心的话

很多妈妈在给孩子选鞋的时候，第一反应是孩子现在穿的鞋子是几号。其实，这样的做法本身没有什么错误，只是现在的厂家在生产鞋的过程中，标准是不一样的，因此有的鞋号偏大有的鞋号偏小。在为孩子买鞋之前，最好能量一下孩子的脚长。

一般来讲，给孩子买鞋的尺寸应是脚净长+0.5~1（厘米）。

有时候小孩子的脚背比较厚，这个时候就要考虑再多买一个号，或者秋天准备冬天的鞋子，也可以适当增加一个号。

专家提醒

我们在选择鞋的时候不仅要考虑到款式，还要从健康的角度考虑。

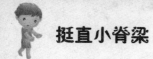

我们自己也需要了解一些健康知识，这样才能增加我们的选择。比如为了省事，可以选择轻便、不用绑带的鞋；太重的鞋走路时会有一定的影响。如果脚背比较厚，不要买高帮的鞋。也不能买太大的鞋，因为，鞋太长，孩子容易摔倒。同时，我们不要在鞋上进行攀比，不一定非要买高档的品牌鞋，只要耐磨好穿就适合我们。

52．放弃单肩包，选择双肩包

暑假里和同学一起在我家看电视，当电视里出现一群学生背着双肩包的时候，有几个同学感慨道：为何我们都要背着双肩包呢？有的同学说：那是因为里面有书本，有的同学说，那是因为双肩包跑起来更利索！言论一番后，大家商定，回家后让爸爸妈妈买个单肩包。不管它舒服不舒服，就是图个个性。你们都双肩，我们来个单肩！

本来我以为大家开玩笑说着玩，没想到第二天，他们都背着单肩包来我家了！我当时那个震撼啊！

晚上，我跟爸爸商量也给我买个单肩包。爸爸同意了，可是妈妈却说，要单肩包可以，但是不能经常背，不能要太大的。我有点赌气了，小的单肩包够我们背书吗？不能经常背，怎么体现个性和不同呢？

妈妈说，单肩包虽然个性，但是对于我们青少年来讲，是不能经常背的，因为会造成我们的肩膀一边高一边低，甚至有造成脊柱侧弯的隐患，因此是不可以经常背的，也不能背太重的东西。

贴心的话

处于青春期的孩子们，凡事都想追求个性和不同。这是一件好事，但是诸多追求还是应该以健康为先。妈妈说的没错，单肩包不适合正处于发育期的青少年朋友，会增加脊柱的压力，时间长了会造成两边肩膀不一样高。为了美和追求个性，可以选择小容量的单肩包，偶尔背一下，切不可一直背大容量的单肩包。

选择双肩包还是青少年朋友最常见的，那么，如何为自己选个质量好的双肩包呢？

第一，肩带的选择很需要。肩带的好坏用手就能感觉出来，好包的肩带填充的海绵相当有弹性，所带来的好处当然就是耐用、负重性能好。好的肩带加上背包的背负系统及结实耐用的面料，会让整个包哪怕不放东西也会像一件战斗马甲一样等着你随时让它出征。

第二，书包不能光看，它的颜色是给别人看的，但包是用来背的，背负设计的好不好只有自己知道！不推荐采用透气网状背负的，原因是不能负重。再有那种包离身体很远的设计，虽然从理论上来说背后的通风性能好，但包的容量也必然要小！

第三，侧面有外挂的包是非常适合学生的，因为平时带的水等其他物品可以跟书本分开装，避免了水洒在书里。同时，侧面的外挂还能在学校组织的野营活动中起到很好的作用。侧面的外挂有用尼龙网的，也有用弹力布的，建议选弹力布的，尼龙网有时会在学校组织的野营中被树枝或硬物刮坏。

第四，切不可买太便宜的包。这里不是鼓励大家铺张浪费，而是有一定的科学性。好包上用的尼龙织带手感好结实耐用，而便宜包上的织带用不了多长时间就开始变软、打结。太便宜的包，会在这些方面偷工减料。包是学生们上学的工具，要结实耐用，设计科学才行。

53. 坐公交车的正确姿势

那天放学回家的时候有点累了，趴在公交车上就睡着了。正当我在睡觉的时候，一位老爷爷拍了拍我的肩膀。我以为自己挡住了他下车的路呢，可是我仔细一看，并没有挡道呀？

老爷爷微笑着看着我，说："小伙子，你已经这个姿势睡了1个小时了。"我笑着说："是啊，可是我还没到家呢，我家到学校坐车要2个小时呢，所以我一般会选择在车上睡会。看书容易头疼，所以睡觉休息休息。"

老爷爷依旧微笑着，他说："你这个毛病要改一改了，这样对你的脊柱发

育不好，容易造成脊柱弯曲。如果你觉得时间太长，可以想点事情，学会安静的思考也是一件很有趣的事情。"

我问："老爷爷，你是怕我坐车的时候司机急刹车而受伤吗？"老爷爷说："不仅如此，如果你经常这么坐，脊柱弯曲度就会不正常了。而且你这么趴1个小时以上，还是每天的行为，没腰疼过吗？"我顿时乐了，"确实有过腰疼。但是我当时没想这么多，以为是在学校累的呢。"

老爷爷叮嘱我说："在学校里坐那么长时间，再到公交车上这么睡觉，真够可以的。你以后一定要注意身体，青春期脊柱的保护非常重要。要不，等到了我们这个年龄，腰就有可能直不起来了！"

老爷爷的叮嘱我铭记在心里，我一定要学会正确的姿势来保护我的小脊柱。

 贴心的话

脊柱的压力可以来自坐姿，长时间的坐姿对脊柱的伤害是巨大的。因此，长时间坐着的人，应该经常做一些简单的脊柱活动，可以很好地保护脊柱。同时，要注意不要在公交车上睡觉，这样不仅可以避免意外伤害，也是日常保护脊柱的好方法。任何事情都不能过分、过度，超过身体使用限度，就会伤害身体。把握好这个基本原则，你就会有一个很健康的身体了。

专家提醒

对脊柱的日常保养，还可以从一些小动作开始：

骆驼式：双膝跪地，两腿略微分开，双手叉腰。吸气，缓慢将脊柱向后弯曲，收缩臀部的肌肉；呼气的同时，把手掌放在脚掌上，颈部向后放松。

犁式：仰卧，手臂放在身体的两边。吸气，抬起双腿上举越过身体；呼气，将两腿向后放在头的上方，脚趾触地。

轮式：仰卧，双手放在身体两侧。屈腿，脚后跟紧贴大腿后侧。双手移到头的两侧，掌心贴地。吸气，拱起背部，髋部与腹部向上升起。

脊柱伸展式：双手抓住脚踝，身体尽量接近腿，最终双手手掌可平放在脚边的地面上。

脊柱扭转式：如果没有困难的话，可以将双手在背后直接相握。

54．教室里的那把椅子

我们班上有个大个子，个头超级高，因此他总是坐在最后一排。前几天突然请假了，而且连续请了一个星期的时间。后来他来上学后，发现他自己从家搬来个椅子，跟我们的都不一样。当时我们很奇怪，后来才知道原因。

原来他的个头太大了，班里的桌子和椅子都不适合他，他前几天在医院检查出脊柱有点弯曲，他父母跟学校沟通了一个星期，学校才决定让他使用跟我们不同的桌子和椅子。

我回到家后跟父母提到了这个事情，爸爸当时哦了一声。几天后，又向我询问了班里桌子和椅子的详细尺寸。之后的几天，我同学里不少家长也提到了更换桌子和椅子的要求，学校一时犯难了。爸爸说，从孩子的健康角度考虑，是应该更换，因为每个孩子都不一样，适合的尺寸自然也不同。而学校里的桌子和椅子是根据大多数孩子的情况设计的，不一定适合所有的孩子。桌子和椅子是孩子上学使用频率最多的用具，不合适的桌子和椅子对孩子的伤害是巨大的。

家长的道理是对的，但是却不利于学校的统一管理。如果同意了家长的要求，那么学校岂不成家了？因此，学校要坚持自己的意见。可是，难道要孩子们都出现了脊柱弯曲后，再接受家长们的要求吗？

顿时，学校和家长出现了矛盾，作为夹在中间的我们，该如何是好呢？

贴心的话

教室里的座椅不一定适合每个孩子，这个道理是肯定的。但是学校也不一定那么好说话，让所有的孩子都更换适合自己的桌子和椅子，因为那样成本太大，

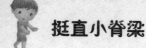

其次也不利于统一管理，这个也可以理解。那么，在不能更换的前提下，建议孩子坐椅子时最好坐椅子面的前三分之一或二分之一，且尽量上半身坐直，不要保持屈背弯腰的姿势，以减少心肺和腰部承受的压力。听课和做功课时，不要侧歪着身体，以免增加背部脊柱的侧压力。同时，要避免趴在课桌上睡觉。

除了教室里的桌子和椅子之外，在家，我们应该如何为孩子选择桌子和椅子呢？

多数孩子的驼背是因为学习时坐得不舒服导致的，椅子太低，只能伸着脖子，椅子太高，则要弯着腰。只有身体、桌子、椅子三者搭配合理，孩子的腰板才能笔直。

通常来说，小学生桌椅的规格一般是桌子高63厘米，而椅子就要选32厘米的，这样更适合孩子身材的比例。对于大多数小学生来说，这样高度的椅子坐上去更舒服。在孩子上初中后，椅子和桌子都要相对提高5~10厘米。

椅子的靠背也很重要，很多家长在选择椅子的时候愿意选靠背比较松软的，这样在上面荡来荡去似乎很舒服，他们让孩子也坐这样的椅子；也有的家长为了美观，选一些直靠背的椅子，这些椅子的椅背设计并不适合于学习。椅子的靠背最好符合孩子的脊柱生理曲线，上端有一点点后仰的。和生理曲线相吻合就会好很多，孩子在看电脑屏幕或者看书的时候，只要靠着椅背，就一定会抬头挺胸。

椅子的扶手也很重要，椅子的扶手一定要固定，手臂支撑在上面的时候弯曲度略大于90度，这样坐在上面更加舒适。

55．再也不敢从高处跳了

其实我并不想从高处跳，说起来，我后悔到家了！

当时的场面真是不能不跳。几个男生在比胆量，说谁能从高处跳下来，一开始的那个高度并不高，我只是好奇参与了一下，就被卷了进来。接着就越来越高，增加得很快。当他们从我认为很高的地方跳下的时候，我就准备豁出去了。当我纵身一跃的时候，发现自己竟然没有摔倒，开心了一下，接着就发现腰闪到了，有点轻微的疼痛。

他们继续升高高度，我不想再参加了，找了个理由就躲开了。听说后来有个同学竟然把脚摔骨折了。想想真的很后怕。跟人攀比有什么好呢？

之后的几天里，我也并不好受，腰一直隐隐作痛，也没敢告诉家长。

直到后来和爸爸一起沐浴的时候，爸爸说我的后背都青了，是不是跟谁打架了？我不想告诉爸爸，但是无奈他的瞎猜测，就告诉他了。他问我腰还疼吗？我说，还有点儿。爸爸告诉了妈妈，他们一起带我去医院检查。医生说，可能是脊柱软骨有点损伤，属于软组织的范围。其再生能力弱，自身很难修复愈合，单靠静养或是擦一些红花油、云南白药、消肿止痛精等药，这对软组织损伤的修复起不到多大作用。

我也没有想到会是这个结果，心里很难过。奶奶说，伤筋动骨100天呢！怎么着得3个月才能好。

贴心的话

处于青春期的孩子很容易陷入跟人攀比的心理之中，为了逞一时之能，而落下些许遗憾，或许这就是成长吧！但是相应的安全意识还是需要有的，比如要避免从高处往下跳，这样会受伤，会增加膝盖和脊柱骨骼的摩擦，对成长发育并没有什么好处。如需从高处跳，要注意方式和方法。从一般高处跳下时先前的力量要适中，落地时尽量脚尖着地，膝盖弯曲，落地顺势下蹲，加大缓冲，减少各关节的冲击；如果是逃生，从较高处跳下则双手抱头，微蹲，奋力前跳，落地时用身体右侧或背部落地，落地时翻滚，效果会好一些。

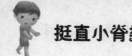

其次，要避免别人撞击你的身体，这种横向水平的外力撞击对脊柱是非常危险的。

目前西医治疗软组织损伤一般都是上石膏或者开些消炎、止痛、活血化瘀的药物等，然后让病人回家静养或锻炼。建议你可以选用中西医治疗，早期软组织损伤1～3个月内及时加用中药治疗，这样可以促进你的损伤愈合。西药慎用，尤其是忌用含激素类药物。不宜强行活动患处关节，以免加重损伤。

56．避免腰部过度劳损

周日，我去奶奶家玩，奶奶正在洗衣服。她年龄大了，用不惯洗衣机，总是自己坐那洗衣服，有时连坐都不坐，就蹲那。我妈妈经常说，别老蹲着，对身体不好，可是她不怎么听，多少年都这样了，没办法。

我正和奶奶聊天，听到水壶响了，应该是水开了。只见奶奶起身去关火，可是腰却直不起来了，顿时又蹲了下去。我赶紧帮奶奶去关火，然后搀扶奶奶坐到沙发上。奶奶让我帮她拿膏药，我打开后小心地贴到奶奶的后背上。奶奶说，刚才正要去关火，只觉得腰部的肌肉一阵强烈的撕裂痛，现在人老了，毛病就多了，年纪大了之后自然会左痛一下右痛一下的，于是她经常去药房买些膏药来贴。我建议奶奶等疼痛缓解去医院看看，奶奶说不用，年纪大了，身体自然会不舒服。

后来我跟妈妈提起这个事情，妈妈说，找个时间一定要带奶奶去检查一下。前几天看报纸上说：在台湾有很多家庭主妇长期以不正确的姿势做家务事，因此造成累积性的伤害，进而演变成慢性症状，影响的程度有大有小。因此，对于奶奶的这个情况不能小视。同时妈妈还建议我注意日常正确的姿势和习惯，学会保养自己的脊椎。

通常，腰部过度劳损，或者长期姿势不正确，都可能对脊椎造成伤害，一

旦觉得自己经常有腰疼的情况发生，要及时去医院进行诊断。过去，医药常识不普及时，腰疼很容易被当做正常现象而忽略，或是以为贴些膏药就会没事。随着我们认识的提高，应该知道，如果没有适时求医，可能会造成肌肉骨骼等组织永久性的伤害。遇到这种状况时，应及早求助医生，适当的治疗不仅可以缓解疼痛，还可以减轻肌肉过度紧张的状态，避免组织永久性伤害的发生。

除了我们自己注意日常的姿势和行为之外，还需要叮嘱家长注意这些正确的姿势和习惯。比如：

1. 将洗衣平台升高至腰部的高度。用传统洗衣方法时，不管是坐着还是站着，洗衣平台都应调整至腰部上面一点的位置，不要让弯腰的姿势出现，以避免背部肌肉过度地持续伸展。

2. 使用有靠背的椅子或是让背后可以靠着东西做事。背后有东西支撑时可以减轻肌肉的负担，此外，背部的支撑物至少能与肩齐，这样才有比较好的支撑效果。

3. 使用长柄工具。在扫地、拖地及掀垃圾桶盖时也会出现弯腰的动作，我们可以选择用比较长的柄或选择脚踩开盖的垃圾桶，尽量减少弯腰的动作。

4. 适度休息。如果工作需要比较长的时间，20分钟左右便要起身做个简单的伸展操再继续，以免肌肉长期处于紧张的状态，使其得到松弛的机会。

5. 平时保持适当的运动。适度的运动可以训练肌肉的力量及耐力，让肌肉比较不容易感到酸痛和疲劳，也可以维持肌肉细胞的活性，加速受伤组织复原的情形。但是，运动方式必须听从医生或是复健人员（物理治疗师及职能治疗师）的建议，否则可能变成二次伤害。

57．腰不疼，我有办法

说到腰疼，其实我也会犯，而且我会定期腰疼。只是，我从来没有去看过医生。不是我对医学有研究，而是我明白自己怎么回事。

自从来了月经，我经常腰酸背痛，这是女生最困扰的问题。与男生的腰酸

挺直小脊梁

背痛对照，男生只要改善坐姿、在运动前加强暖身运动，就可以大幅改善腰酸背痛的症状。但是女生的腰酸背痛还涉及生理期的保养、鞋子的选择，以及活动空间的设计等。

来了月经之后，我喜欢躺着，并且是侧躺。弯曲自己的身体，倒卧在床垫上。床垫过软或是过硬时，最好调整床垫硬度。如果习惯仰卧，就要把枕头垫在膝盖后方，让脚部稍微提高。

我还喜欢在温水里泡澡，当然时间不能太长，15分钟之内就行了。最好搭配市面上出售的温泉粉、浴油或香精，可以减缓腰痛的痛苦。

在穿着上，我也是很讲究的，特别是鞋子。不穿高跟鞋，不穿尖头鞋，材质过硬的鞋子全部收起来。改穿圆形或方形鞋头的平底鞋，多功能形运动鞋也适合穿着。日常饮食中，我多吃一些含钙质丰富的食物，比如豆浆、豆腐、优酪乳、牛奶等食物。钙质的补充，可以避免骨质疏松症的发生。

贴心的话

避免腰酸背疼，养成规律性的运动习惯很重要，比如散步、游泳、有氧舞蹈、柔软操或背部的运动等。每次运动前应先暖身，运动时应由缓而快，再由快而缓慢下来；避免运动时过度伸展腰背，如任意弯下，突然跃起或高抬腿等；运动时，若有任何背痛迹象，不可大意，应立即就医，以免其恶化。

专家提醒

避免腰酸背疼，可以在日常生活中训练自己正确的姿势，比如：

1. 坐位训练：患者坐在有靠背的普通木椅上，双髋、双膝屈曲九十度，腰椎和靠背之间尽可能靠紧，不留空隙，以减少腰椎的前屈。达不到这种姿势的患者，可选用靠背前侧有凸起的椅子，以利于训练的进行。

2．站姿训练：患者腰背部紧贴墙壁直立，以腰椎和墙之间伸不进手为原则，然后逐渐屈髋屈膝下蹲。这是在坐位的基础上进行的第二步训练。只有保持了直立的腰椎曲度，方可在步行、运动和负重物的活动中保持良好的功能状态。

3．步行训练：在坐位和站姿训练的基础上，进行步行时的腰椎姿势训练。头上顶一笔记本或其他易滑下来的物品，在保持腰椎垂直和尽量不使头顶的物品掉下来的前提下迈步前进。

两手各提一较轻物品，腰椎保持平直，同时迈步前进。

58．为腰选把好椅子

我有个心爱的椅子，上面有我喜欢的卡通图案，从很小的时候我就在使用，因此我不舍得丢弃。可是，我爸爸说我该换个更适合我的椅子了。我是那么不情愿换掉，因为我喜欢现在这个。

可是，几天前有个同学说，他已经换掉了椅子，因为自己长大了，以前的那个椅子不适合自己了，如果再使用下去，小腰就要弯曲了。我问：椅子还和腰有关吗？同学很严肃地说：当然啊！然后跟我讲了他表哥的故事：他一直迷恋自己小时候的椅子，自己个子都老高了，还不愿意换，结果老弯着腰写作业和玩游戏，腰都开始弯了。所以爸爸才给自己换了椅子，希望别像表哥一样！

回到家，我坐在自己的小椅子上沉思，看来我真的要换椅子了。因为我写作业的时候也要弯着腰才可以进行。看着爸爸那个高高大大的靠背，我问：爸爸，你是要给我换你那种高高椅背的椅子吗？爸爸说：不是啊，这个椅子不适合你，太高的椅背反而会妨碍工作。我问：多高算太高啊？爸爸想了一会说：对于你来讲，高过肩膀就算过高了吧。

周末和爸爸一起去选椅子，卖椅子的老板还叮嘱了我很多关于正确坐姿的事情，比如坐时保持上半身挺直，腰背维持在平直状态；坐下时膝关节略高于髋关节，双脚平放地上，坐椅要够宽，以支撑大腿；避免同一坐姿太久，必要时，每一到二小时起来活动一下等；由坐到站时，须将臀部先向前移动，然后站立起来，避免过分向前弯腰站立。

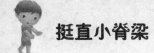

看来很多东西适合自己的才是最好的。

贴心的话

对于孩子来讲，合适的椅子对脊椎的发育很重要。椅背的高度不能高到肩膀以上，高过肩膀对脊椎弧度的支撑是没有帮助的。也不要拿个靠枕垫在后方就算数，垫错位置反而弄巧成拙，造成不适。椅子的宽度以坐下去时，两侧至少要留一寸的空间为宜，深度应以能容纳整个臀部及大腿为原则，并且要与膝盖后方留有空间，免得造成膝盖及大腿的局部压迫；椅垫前方最好带点弧度，而不是坚硬方正的边缘。如果椅子的高度可以调整，除了配合工作台的高度之外，还要让使用者的大腿角度大致与地面平行，膝盖位置可以稍微低于臀部，并且双脚可以完全贴到地面，不致悬空。

为孩子选椅子最好不要选带脚轮的椅子，小孩子的脊椎还在发育期，稳定的椅子对孩子的健康成长会有很大的帮助。同时，要选择透气性好的椅子，椅背及椅垫不要过度柔软。

专家提醒

为自己选了合适的椅子后，也要考虑到家长的脊椎哦！比如，家长在开车接送我们上学、放学的时候，开车前应先准备驾驶座椅，以调整到膝弯高过于髋部，使双脚在踩油门、煞车时能轻松操作。若座椅太软，可备置一座椅支撑腰部，并调整座椅上的头枕高度，以舒适为宜；开车时腰部应贴靠在椅背上，并保持上身直挺，不可使身体前倾，并系紧安全带；长途开车时，最好每小时停车下来走走，活动一下，以放松紧张的心情。

59. 保护脊柱，学会改变你的环境

我从小就喜欢画画，妈妈说，无论做什么事情都要学会吃苦。一开始我没有觉得画画还能吃什么苦，但是随着自己学画时间的增多，我越来越感觉到辛苦了。我们练画也是很辛苦的，有时候坐久了也会腰疼，当我们专心画画的时候，就忘了腿疼、背酸，等到完成一幅满意的作品时才发现自己腰酸背痛。

妈妈很关心这会不会影响我的健康，我说不会。但是妈妈不放心，还是带我去医院做了检查，医生说让我补补钙。补了一段时间后我觉得也有点效果。只是有一天，有个中医说，如果要改变，就要从改变自己的环境做起。我的环境怎么改变呢？我喜欢画画，我要学画画，画画的环境就是如此啊！

姑姑也经常腰疼，她说可能与工作有关。姑姑从事电脑工作已有一年，近日常感到腰酸背痛，工作时间越久，疼痛症状越剧烈。经过门诊确诊后发现是慢性肌肉韧带拉伤，探讨其病因与长期坐姿工作以及不断的重复性动作有关。因此除了处方药物及物理治疗外，医生还教她做一些减轻肌肉疲劳的伸展运动。

我想，改变我的环境，或许也要从这些简单的动作做起吧。

贴心的话

无论是站着画画还是坐着画画，都是一种习惯。但是习惯一旦养成，就会使自己有一些习惯性动作和姿势出现，而这种姿势保持的时间长就会给自己的健康带来危害。无论是站着，还是坐着，都要经常地换个姿势，长时间摆一个姿势对身体不好，平时在休息的时候用热毛巾敷一下腰部，或者平时跳跳绳，慢跑，扭扭腰，伸伸腿，唱会儿歌……都是既好又简便的方法。

专家提醒

学画画的孩子虽然年幼，但创意无限，又懂得吃苦，确实是前途无量。但是，在学画画的过程中，经常搬动一些物品，有时还比较重。那么，搬重物

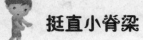

时，应该如何保护我们的脊椎呢？首先，尽可能利用机器或其他工具，以减少伤害腰背的机会；如必须搬重物时，方法要对，须弯膝蹲下，下肢用力，尽量使物品靠近身体，缓缓站起；抬放重物时不可扭转背部。

60. 五月，我的身高能突破

每年的五月都是我最开心的日子，因为爸爸妈妈会给我安排好多户外活动，还会给我做好多好吃的。今年的五月很快来了，春意盎然万物复苏。爸爸妈妈依旧要带我好好玩。我真心喜欢这个月。

我和爸爸妈妈一起爬山、踏青，高兴极了！

后来我发现，这个月我的身高竟然长了3厘米！太让人开心了！

我爸爸的一个同事问他，为什么每次休假都要安排在5月？爸爸说：因为5月是孩子身高突飞猛进的一个月，这个月带孩子去户外活动，多增加营养，能使孩子长得更高，更壮实啊！爸爸说话时的样子就好像自己是专家一样真的如此吗？

爸爸在一份儿童报纸上确实也有看到：据科学研究表明，每年5月是儿童身高增加最快的月份。日本青少年的平均身高现在之所以超过了中国，其中一个原因就是因为他们在5月很少给学生留作业，增加孩子的室外活动。如果你是家长，请在5月让孩子多玩，保持愉悦的心情。如果你是老师，请不要在5月留很多的家庭作业。希望中国人的平均身高增幅也不低于8%。

看来，五月真的能使我的身体更高，更强壮哦！我爱上了五月！

贴心的话

专家指出，季节与青少年的生长发育有密切关系。世界卫生组织一项引人注目的报告指出，人体的生长速度在一年中并不相同，长得最快的是在5月份，平均达到7.3毫米。立夏（5月5日）过后，渐渐有了夏天的味道，孩子们也迎来了最佳的长高时机，尤其是身材矮小的孩子，更应该抓住这个长高的黄金期，通过科学助长，实现长高的愿望。为何人体在5月份长得最快呢？生物学家和医学专家研究发现，一个人的生长速度除了种族、遗传、内分泌、生活习惯等因素外，还与营养状况、地理气候和体育锻炼密切相关。

进入5月后，万物复苏，一派生机，这时候人体内各器官和细胞的功能十分活跃，新陈代谢旺盛，血液循环加快，呼吸消化功能加强，体内生长激素分泌增多，生长发育加快。另外，进入5月以后，孩子们更多地在阳光下进行跑、跳等活动，能够对骨骼进行良性刺激，使骨骼生长速度加快，这正是每个暑假之后班上总有同学突然"蹿高"了的原因所在。

专家提醒

蛋白质是生命的基础，骨细胞的增生和肌肉、脏器的发育都离不开蛋白质。人体生长发育越快，越需要补充蛋白质，鱼、虾、瘦肉、蛋、花生、豆制品中都富含优质蛋白质，应注意多补充。另外，在5～10月，青少年应适当地多吃一些鸡蛋，因为鸡蛋含有人体必需的蛋白质、脂肪、糖类、维生素和无机盐等营养物，容易被人体消化吸收。在5～10月中，由于生长发育较快，在营养供应不足的情况下，人体便容易发生软骨病和贫血。鸡蛋黄中含有大量的钙、磷、铁和维生素D等可促使骨质钙化与造血的原料。所以，鸡蛋是促进健康成长的最佳滋养食品。

61. 骨龄和身高

我是一名12岁的男孩，目前的身高是168厘米，从年初到7月几乎以每月1厘米的速度生长，但最近两个月生长很慢，几乎没怎么长。

父亲身高170厘米，母亲身高157厘米。因为父母都不高，他们很重视我的身高。父母怕我的骨骼闭合，经常带我去检查骨片，医生说我的骨龄大概在14.3岁。从年初到7月前，这段时间孩子处于青春发育中期，生长速率达到整个青春期最大值，历时约一年，现在生长较以前慢了，是因为已经进入青春发育后期了，但还是会长的，预估成年身高在173～175厘米。青春后期的冲刺阶段，保证合理均衡的饮食，每晚宜早睡，保证睡眠质量，每天坚持适当的体育锻炼，都有助于长高！

但是充足的睡眠似乎越来越难了，因为我马上要面临考学了。每天睡眠时间真的是难以保证在9小时以上，只能保证在8小时以上，真是很无奈。我该怎样保证自己的睡眠呢，牺牲自己的学习时间来睡觉吗？那考不上学该如何是好呢？

贴心的话

经常参加适宜长高和健脑的体育锻炼，能促使全身血液循环，保障骨骼肌肉和脑细胞得到充足的营养，促使骨骼变粗、骨质密度增加、抗压抗折能力加强。运动能促进生长激素的分泌，使骨骼、肌肉、大脑发育得更好。所以，应多参加适宜长高和健脑的活动，例如跳绳、踢毽、跳皮筋、艺术体操和各种球类活动等，也可以通过增高产品的辅助治疗与运动有机的结合实现增高的最佳疗效。

现代医学研究认为，结合人体基因发育工程学原理以及现代生物技术及中医理疗方法，可以达到比过去的各种医疗及营养保健品更好的长高效果。

至于会不会因为学习影响了自己的睡眠，可以调整自己的学习方法和方式，通过提高学习效率的方式来增加睡眠时间。

 专家提醒

假设有一对10岁的女孩，身高相同，都是145厘米，其他条件也相同，但一个骨龄与生理年龄相符，说明骨骼愈合还有相当长的时间，今后可以长到165厘米以上；另一个骨龄却已达12岁，且已来初潮，身高增长不会有更大的潜力，今后身高大约在150厘米。通过例子，我们可以发现，同样年龄、同样身高的孩子，因为骨龄不同，存在很大差异。

骨龄是国内外专家公认的能精确反映骨骼生长状况和人体成熟度的重要指标，通过骨龄可以判断孩子是否早发育，找出目前身高不理想的原因，只要检测到孩子的骨骼生长区（骨骺）未闭合，通过合理科学的手段补充长高所必需的营养，就能为孩子在自然生长的基础上再赢得生长空间。孩子的身体生长时间有限，骨骺一旦闭合，再想助长就为时已晚。

62．我哥哥坐上长高火箭啦

我有一个哥哥，他是早产儿，从小他就比我矮好多好多。妈妈说，哥哥生下来特别小，家人都觉得他活不了，才要了我。我从小又高又壮，比哥哥高多了。因此，我从来没有当妹妹的感觉，一直觉得哥哥像个小弟弟。

现在我上初中了，哥哥上了高中，我们很少能见面，有时还真想哥哥。想着小时候我们在一起玩，大家都觉得我是姐姐。我也一直没觉得自己有个哥哥。小时候也喜欢欺负哥哥，想想哥哥当时的忍耐和爱护，心里又伤感又幸福。

转眼有半年没见哥哥了，妈妈说今天哥哥来学校看我，给我送来一身新衣服。我心里可开心了。可是当我在车站等哥哥的时候却

迟迟不见哥哥的身影。那个我熟悉的瘦瘦小小的哥哥在哪里呢？突然，有一只宽厚的大手拍了拍我的肩膀，叫我妹妹，我很茫然，这个人是谁啊？哥哥笑着说："连你也不认识我啦？我是哥哥啊！"我一下愣住了，这个比我高出那么多的大男孩，你是我哥哥啊？你坐了火箭吗？怎么长这么高了呀？才半年时间啊！

回到家，我不停地问妈妈，哥哥怎么长这么高了？有什么灵丹妙药为什么不给我吃呢？妈妈很无奈地说，真的什么也没有给哥哥吃过，只是哥哥长大了，慢慢追上来了。爸爸说，男孩子的青春期比女孩子长，所以男孩子能后期长得很高。

看到哥哥长这么高，我心里也很踏实，终于感觉有哥哥了。

孩子们进入青春期都会出现突飞猛进的长高阶段，男孩子比女孩子长高的时间更长一些。长高的原因主要是骨骼的发育。男孩每年可增高7～9厘米，最多可达10～12厘米。男性在23～26岁身高才停止增长。具体到个人，身高和性成熟早晚有关，成熟年龄的迟早会影响到孩子的快速成长；同时，与营养、睡眠也关系重大。故事中的"哥哥"是个早产儿，因为早产，所以其生长发育的时间会更延迟一些，只要保持良好的作息习惯、营养、饮食以及运动，是可以赶上来的。

身高能否如意，取决于几个因素，首先是遗传因素，占70%，此外，取决于其他条件，包括运动、营养、环境和社会因素等。

要想增高，应该多吃蛋白质，尤其是含有"氨基酸"的食物，如：面粉、小麦胚芽、豆类、虾、螃蟹、贝类、海藻、牛肉、鸡肉、肝脏、猪腿肉、蛋、牛奶、乳酪及深色蔬菜等。

反之，白米、糯米、甜点等食品则应尽量不吃。可乐与果汁也少吃为妙，因为其中所含的糖分多，会阻碍钙质的吸收，吃多了会影响骨骼的发育。此外，盐也是增高的大敌，必须养成少吃盐的习惯。

简单地说，能够增进食欲、促进睡眠、给予骨骼一定程度纵向压力的运动对长高都有益。具体地说有慢跑、跳绳、跳舞、打篮球以及打排球等。

63. 享受我的"日光浴"

从小妈妈就带我经常在户外玩儿，她说：小孩子应该经常晒晒太阳。

所以，我养成了爱晒太阳的好习惯。晒太阳可以给我一个好心情，让我一天都充满阳光和激情地去做自己喜欢的事情。

妈妈很喜欢我的这种状态，她觉得晒太阳还可以使我的骨骼发育得更强壮。确实，我爸爸妈妈都不高，但是我的身高可不算矮的。

生活就是如此，无论你享受的是什么，追求的是什么，你都可以拥有美好事物给你带来的美妙享受。

贴心的话

多晒太阳可以预防感冒，还能预防佝偻病，因为阳光参与完成体内维生素D的合成，对骨骼的发育有很大的帮助。但是，在晒太阳的时候要避免中午的强烈阳光照射。因为孩子的皮肤组织比较嫩，保护功能还不够完全，过多的阳光照射后，太阳光中的中波紫外线的强烈辐射可引起人体发生光毒和光变态反应。光毒反应是在烈日照射2～3小时后，前臂、背部出现局部的潮红、痘疹。这些损伤会留下色素沉着，有的人还可能导致成年时患皮肤癌。从骨骼发育的阳光需求量来讲，1天1小时就足够了。

专家提醒

晒太阳的科学还与季节有关，比如冬季一天中有三个时间段最适合晒太阳。第一段是上午6～9时，此时红外线占上风，紫外线偏低，使人感到温暖柔

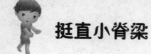

和，可以起到活血化瘀的作用；第二、三段分别是上午9～10时和下午16～17时，此时正值紫外线中的A光束占上风，可促进肠道钙、磷吸收，有利于增强体质，促进骨骼正常钙化。

特别需要指出的是，不论是哪个季节，上午10时至下午16时之间，尤其是中午12时至下午14时这一时段，最忌长时间晒太阳。因为此时阳光中的紫外线是B光束和C光束占上风，它会对皮肤造成伤害，还可引起种种疾病。

此外，每天坚持晒太阳30～60分钟，可平衡阴阳。晒太阳时最好穿红色服装，因为红色服装的辐射长波能迅速"吃"掉杀伤力很强的短波紫外线，次选白色服装，禁忌黑色服装。

64．激素分泌会影响骨骼生长

我是一名高中生，已经18岁了，即将步入大学的大门，可是我只有1米5，看上去如同一名小学生。因为身高，我不知道历经多少磨难。

因为我是一名男生，加上家里人的身高都不矮。因此，家人判定我属于晚长类型的，对我的身高并没有多少疑惑，觉得我迟早会长起来的。可是，事实是，我一年一年，依旧如此！前几天，我和班里一名高个同学吵架了。原因就是身高的问题。今天开家长会，他父母都来了，个头非常矮。家长会后，同学们议论纷纷，说这个同学的父母都不高，为啥他长这么高。这个同学反驳说："家长的身高能决定孩子的吗？你看某某同学，父母那么高，他却只有那么高。"他还边说边比画，没有说出名字，但是同学们心里都明白着呢，哄堂大笑。我面红耳赤，觉得自己下不了台。我是不高，你有必要如此讽刺我吗？我生气了，跟同学理论起来。对方很无赖，还跟我打架了。事情最后闹到老师那里，老师自然是要求对方跟我赔礼道歉。但是，也没有忘记提醒我，让父母没事带我去做个体检，若因为什么原因影响了身高就不好了。

这个假期妈妈带我去医院就诊，通过检查，医生判定我的骨龄只有七岁。听了这个话，我顿时蒙了，这是说我还有生长空间呢，还是说我发育不良啊！

贴心的话

故事中的孩子们都处于青春期，容易冲动，出现理论和打架的情况是可以理解的，但是还是要提醒孩子，尽可能保持平和的心态，这样你才能更理智地处理好一些事情。比如老师最后的提醒，是不是给孩子找到了切实的解决方案呢？根据故事中的就诊结果，我们可以判断，这个孩子属于先天垂体前叶功能不全，使得各种激素分泌不足，导致骨骺发育还处于7岁。骨龄偏小，通过治疗还是可以继续长高的。同时，也建议有类似情况的孩子们，如果发现自己的身高与同龄人相差太多，就要赶紧就医，及早发现，通过激素替代补充治疗等，还是能长到正常身高的。等到骨骺闭合后，就难以再长高了。

专家提醒

目前许多家长带着矮小的孩子盲目就医，首先是见到广告或听到什么增高产品，在不知其药理作用的情况下，无论代价如何都要去试一试，结果，当效果不佳时方找专科医生就诊，此时可能已失去最佳治疗时机，或已有不良后果，家长后悔莫及。专家提醒，一般来说，广告的增高产品中多少有些性激素，性激素可以促进骨骺的生长，往往商家打着"无效退款"的招牌，但同时性激素又促进骨骺闭合，缩短人体长高的时间。

有的家长认为"23岁还蹿一蹿"，孩子个儿矮不着急，有早长晚长之分，当发现孩子真的不长时，再到医院就诊为时已晚，孩子可能骨龄较大或骨骺已闭合，失去最佳长高时机。在门诊经常有家长后悔地说："老人说孩子有早长、晚长，我们孩子自小就是小排头，我们总认为孩子以后还会长，到了青春期别的孩子猛蹿了一头多，我们孩子还不长，月经（或遗精）都来了一年多了，我真的担心孩子不长了。"此时医生给孩子拍X线片往往骨骺将近闭合，再要冲刺生长的代价很大，而且效果不好。

65. 吃最新鲜的食物

爸爸妈妈都是自由职业者，他们工作很繁忙，自然也很懒。他们经常带我出去吃好吃的东西，家附近的餐馆都已经吃的差不多了，就想着出去吃更好吃的。有时直接从超市里买那种直接可以吃的罐头之类的食品。

我上初中的时候遇到一个好朋友，我俩是同桌。她每天都能带来好吃的食物，新鲜、味道美。她喜欢分给我一点吃。后来我知道了，那是她妈妈亲手做给她的美味。我就在想，我的妈妈为什么不自己做呢？我妈妈对此解释为她很忙。只是后来有一次结识了我好朋友的妈妈，她才知道，对方的妈妈也是自由职业者，但是她就能合理安排自己的时间给孩子做好吃的。关于这点，对方的妈妈很有自己的见解：用最新鲜的食材给孩子做最新鲜的食物，对孩子最好。出去吃固然也能吃到各种食物，但是真的无法保证是新鲜的。孩子正在长身体，不想给他们吃那些东西。

后来，妈妈改变了自己方法。她买了一个熬汤锅，早晨起来就把汤熬上，一直熬到中午，通常以牛尾、排骨为主，她说可以强壮我的骨骼，让我的小脊椎更挺直。于是，我家的一日三餐似乎都有了保障，比外面吃的新鲜、可口、美味。

妈妈和同桌的妈妈也成了好朋友，她们一起研究吃的东西，我觉得自己真的太幸福了！感谢我的好朋友和她的妈妈！

贴心的话

化学物质双酚A是人造塑料中的一种成分，有上百种商品中都含有这种成分，如易拉罐或罐头里面的涂层、玩具、奶瓶等。双酚A在过去多含于塑料制品中，新的危害则是存在于罐装食品中。根据美国市场安全国家工作组的调查发现，被测试的92%罐装食品中都含有双酚A。人体在消化吸收双酚A后会产生一些生理变化。研究人员表示，这种化学物质对胎儿和儿童成长发育都有极大的危害。双酚A是一个激素破坏者，它能模仿雌激素，扮演着抗雄激素的角色。其对发育的胎儿、新生儿和儿童的危害是极其严重的。很遗憾的是，居然在90%新生儿的尿液中发现了双酚A。研究表明，受双酚A影响，子宫纤维瘤、乳腺癌、前列腺癌的发病概率增加，男性精子数量减少。在婴幼儿或儿童时期就受双酚A影响的孩子，其性早熟的危险性也会增加。

对于家庭来讲，避免不了外出吃饭。一定要尽量少带孩子出去吃饭，如果出去吃饭，也要选择干净卫生的、食材新鲜的饭店。

同时，要减少或杜绝食用罐装或包装食物。这可能是个极端的挑战，但那确实有利于降低双酚A在人体内的水平。只要杜绝食用与双酚A有关的食物，哪怕是几天，双酚A在体内的水平就会降低60%。如果又开始吃罐装或包装食品，双酚A的水平则会重新上升。

在这里介绍几个避免摄入双酚A的方法：

1. 看看产品标签上是否标有"未添加双酚A"。含双酚A的产品多于不含它的产品，但是不含它的产品相对要贵一些。

2. 多吃新鲜食物，少吃或不吃包装食物。

3. 硬聚碳酸酯塑料不利于用来加热或盛热的食物。零度以下的聚碳酸酯塑料是没有危害的。

4. 不要在洗碗机内用强力洗涤剂和热风干循环来清洗聚碳酸酯塑料容器。

66. 腿长个子就高吗

我个头不高，但是我很羡慕个头高的同学。深刻地体会到身材矮小的痛苦和难过。

有一次，我和几个同学一起去爬山，我很轻松地爬上了高山。而我那个同学，却迟迟爬不上去。我很得意：高个还不如我这个矮个子爬得快呢。于是，我们经过了一番辩论：

高个子同学说：你爬得快是因为你矮，身材更灵活。我个子太高，就不够灵活了。

还有的同学说：腿长就爬得快，因为一步赶人家两步的。

我问：我的腿长吗？

同学说：挺长的。

我很奇怪，为啥我的腿那么长，我个子却不够高呢？

挺直小脊梁

有同学安慰我说：放心吧，迟早你会比我们高的，因为你的腿很长。

回到家，我问妈妈：我的腿长吗？是不是腿长个子就高？

妈妈很迷惑地看了我一会，说：也不一定吧。

我很想知道，腿长就能长高吗？或许只是同学一句安慰我的话。

爸爸说，可能是你太关注你的身高了。其实你并不算矮，只是也不算高，中等吧。如果你想长高，就多晒晒太阳，多运动运动。要不，光凭空想，长高的可能性并不那么理想啊！

同学说的腿长，可能是从身材比例上说的，上身比腿短，也或许是你的腿比较瘦，有的个子高的人，怎么打扮都不显得腿长，可能是因为腿比较粗。因此，腿长与否与实际的尺寸相关，而不是视觉上的长和短。但是，对于处于青春期的孩子来讲，个头的高矮还在后天的发育。后天的众多因素中（包括营养、健身锻炼、生活条件、习惯、气候、地理环境和疾病等），尤其是青春期阶段下肢大、小腿长管状骨和脊柱骨的发育情况是影响人高矮的主要因素。这些长管状骨可分为骨骺和骨干两部分。在性成熟前，骨骺与骨干之间存在着一层骺软骨，称骺板或生长板。

随着年龄的增加，骺软骨不断骨化变硬，同时不断长出新的软骨这样就保证了骨骼不断变长，身高不断增长，个子便不断地长高。

专家提醒

人的身高与什么相关？当然不是跟腿相关，只是个头高的人看上去往往会腿长。其实，他们的个头决定了，无论是上身还是下身，肯定都比矮的人要长一些。因此我们看到的是结果，不能用结果去推测起因。那么，身高与什么相关呢？我们知道，一个人的高矮取决于先天和后天两大因素。先天因素主要与遗传和种族有关。据研究，人的体长（身高）的遗传力高达0.75～0.92，就是说，男子身高约有75%、女子身高约有92%受到遗传变异的影响。男子只有25%，女子仅有8%取决于后天其他因素。

可见遗传对身高起着极为重要的作用。虽然父母高其儿女就不会矮，但高父母生下矮子女和矮父母生下较高子女的现象也不罕见。这说明其他因素对身高增长同样有很大的影响。从地域方面看，一般说来，寒冷地区的人高于热带地区的人，北方人高于南方人。

67. 吃不得的保健品

我已经上高中了，可是只有143厘米的身高。对此，我很伤心和难过。因为我上初中的时候就已经这么高了，等于初中三年我就没有怎么长过？眼看着同班同学个头一个个高起来，可是我却依然停止在原位。

老师建议妈妈带我去检查。各种检查都做完了，我也没有什么病啊！

后来一名专家仔细询问我的生长过程，得出结论说，可能是我吃了过多的保健品！专家说，孩子的父母身高都很好，如果按照正常的计算，孩子可以达到164厘米，不会是现在的样子。造成这种现象的唯一解释就是孩子的骨骼提前闭合了。按说不会提前这么早，那么一定是吃了什么使孩子提前闭合的保健品了。这些保健品往往会造成孩子早熟，促进骨骼的提前发育。在当时会使家长觉得孩子比别的孩子都高，但是骨骼一旦提前闭合，就会缩短生长期，对孩子骨骼的危害是巨大的。

妈妈说，我小的时候经常感冒发热，妈妈为了让我有个好的身体，曾经给我吃过很多的补品，包括增高的、增加食欲的、提高免疫力的。当时确实起到了很好的效果，比如，我曾经有2年没感冒过，曾经是班级里最高的同学等。妈妈也觉得吃那些东西挺有效果的，至少当时心里得到了巨大的安慰。

可是，专家却说恰好是这些东西造成了我现在的样子。专家说，这些保健品孩子在服用后，生长加速的同时促进了骨龄的提前，造成骨骼提早闭合，是导致孩子身高变矮的原因。骨骼提前闭合了，孩子就无法继续长高了。

妈妈听了，流着眼泪说，从来没有在保健品上吝啬过，唯一的希望就是孩子能够长得更壮实一些，没有想到却最终害了孩子。

我自己也很难过，想想我这个无法再继续长高的身体，我将来该如何面对我的生活呢？

挺直小脊梁

不少家长错误的将保健品作为健康投资，给孩子长期服用。在含有牛初乳、蜂王浆、花粉等的制剂中，均存在较多的性激素，如果长期大量服用，可导致性早熟。另外，即使是专门针对孩子的保健品，也不能滥用，需在医生指导下服用。故事中的孩子不再成长的原因是吃了过多的保健品，而很多疾病如颅内、肾上腺、卵巢等肿瘤或染色体病、部分遗传代谢病等，在早期会表现出生长发育的异常：生长过快或过慢、肥胖症、性早熟等现象，如果忽视这些早期征兆，往往会延误治疗，造成患儿不可逆的损害。

关注孩子身高的同时，家长还要密切关注孩子是否有性早熟的现象。女孩在8岁以前，男孩在9岁以前，呈现第二性征，称为性早熟。性早熟会导致孩子骨骺提前闭合，最终导致身材矮小。而且性早熟的孩子将来患乳腺癌的概率是普通人的7倍；还会引起成年后的早衰。那么，如何吃是科学的呢？

1．科学的服用营养品。

2．咨询专业意见。

3．两种以上营养品服用时间须错开。例如服用维生素E及鱼油，大部分鱼油已含维生素E，应交错着吃，不要同一天服用。

4．避免过量。不妨依产品指示的用量减量，偶尔忘了吃也没关系。

68．我的妈妈迷信"晚长"

在我的记忆里，我从来就没有高过，也没有人说我高。我妈妈从来都是很镇定的样子，她说："我和他爸爸都不矮，我们的孩子能矮了吗？有的孩子早长，有的孩子晚长，我相信他属于晚长的孩子，不怕的。"

我也是在妈妈的这种信念下被鼓动着，我觉得自己属于晚长型的，有遗传基因在那里呢，我怎么会矮了呢？于是，我按照自己的喜好去做，不怎么运动，喜欢吃啥就吃啥，慢慢的，我已经15岁了，而我还是我们班里最矮的那个

孩子。有时我自己都很郁闷：我到底什么时候才可以长高呢？

那天，学校组织我们去体检，我又一次被医生评价为偏矮。我拿着体检报告问妈妈，我到底什么时候才能长高呢？

妈妈很无奈，她带我找专家会诊。专家说，我的身高不算矮，只是有点偏矮。至于能不能再长高点，要看骨鳞片。然后有点遗憾地问我妈妈："你平时没有带孩子参加运动，给孩子搭配营养的食物吗？按照你们夫妻的身高，这个孩子不会这么矮呀？"妈妈说："我觉得有的晚长，有的早长，迟早要长的呀。"

医生摇头说："这么做不对，确实生活中有的孩子早长，有的孩子晚长。但是，这并不代表孩子该长高的时候不为他们做点事情。"

贴心的话

在日常生活中，确实有很多家长对孩子的长高存在误区，比如，家长发现孩子比同龄人矮了许多，还抱着"等等看"的念头；其次是受遗传决定论的影响，认为父母矮，孩子也高不到哪去。其实，现代医学已经证明，遗传只决定孩子成年身高的70%左右，而后天因素可决定8.5~17厘米的差距。

孩子长不高大多是因为营养不良或过剩、过早发育、生长激素分泌不足等原因引起的。只要检测到孩子的骨骺线未闭合，就仍然有调整的弹性和空间，这时候可以干预、调整，并延缓骨骺线的闭合时间。因此，家长不应该有"孩子只是比别人长得慢"或"停长再说"的等待心理。

　　按科学规律来讲，孩子18岁左右骨骺闭合，一旦骨骺闭合，再长个就只能听天由命了。因此，在孩子身体发育期，要合理安排孩子的生活才能有助于长高。首先要保证睡眠，孩子长高靠的是生长激素，而生长激素分泌最旺盛的时候，就是晚上10点之后，并且要处于深睡眠状态，也就是说晚上9点前入睡才能保证10点之后进入深睡眠状态，还要保证每天8小时的睡眠，稍大一点的孩子也要保证7小时。其次要营养均衡，并且要适当运动，营养过剩容易导致孩子肥胖，影响身体成长。最后要关注孩子心理健康，更重要的是家庭和睦，避免孩子产生焦虑情绪。

69．我是怎么长高的

　　我爸爸妈妈都不高，可是我却长得非常高。对此，很多人会发出疑问："这个孩子是怎么长这么高的呢？他爸爸妈妈都不高啊？"其实，我也很奇怪，我是如何长高的呢？

　　我妈妈说，她从小就是因为个头不高被人欺负，希望自己能长得高一些，但是一直没有如愿。当自己成为母亲后，就不希望自己的孩子也像自己那么矮。于是，她开始研究长高的方法。她不相信任何保健品和迷信的说法，她坚信科学的方式可以让我长高！

　　妈妈很相信自然的生长和骨龄的发育。我从小她就坚持给我补充钙质，吃最天然的食物。妈妈说，营养有七大要素：蛋白质、脂肪、碳水化合物、维生素、水、纤维素、矿物质，缺一不可。同时，她会想尽办法让我去运动。小时候给我准备爬行垫，长大了给我买球，随着年龄的增长，我接触的运动也越来越多了。妈妈不相信药物，因为她觉得我还小，用不到药物，万一药物让我的骨骼提前闭合了，还不如不吃！另外，在生活中，她很关注我的各种姿势，她认为笔挺的脊椎和双腿，能提高身高指数。

于是，我就在妈妈的呵护下健康成长起来了！在记忆中，我上小学的时候就已经是班级上比较高的了，到初中依然如此。我的身高逐渐被很多家长和同学羡慕，而我也有过一段时间的自豪和骄傲。后来妈妈给我讲起，她小时候身高不高被人欺负的故事，使我明白了，身高的高和矮都不重要，重要的是要有平和的心态。

贴心的话

现在的科学已经证实：身材矮小的孩子在发育前或发育前期身高调整的空间和效果，都比发育后要显著得多。骨龄越小，身高的潜力和调整的空间就越大。在正常情况下，青少年骨骼闭合的年龄是在16~18岁。如果您的孩子有这几种情况，应该立即到专业的青少年成长机构进行咨询检测：8~10岁身高明显低于同龄人；11~14岁青春期长高不明显；15~17岁出现生长缓慢或停长等。

专家提醒

专家说，骨龄是骨骼生长周期的一种计算方式，由于各个阶段的骨龄所反映的生长状况都不相同，因此骨龄对身高的预测有极其重要的作用。骨龄无法用肉眼辨别，只能用专业的骨龄仪摄片，并由专家根据国家标准(CHN法)来判断。骨龄测定及成年身高预测不仅在儿童卫生保健方面有重要作用，而且能预测生长突增期及青春期到来的时间、评价小儿生长发育状况，尤其是对于临床上有身高异常的遗传、内分泌疾病的诊断、治疗监护及疗效观察，以及矫形外科手术时机的选择等方面具有重要意义。

家族遗传性矮小症、宫内发育迟缓及体质性青春期发育迟缓症，临床鉴别有一定困难，测定骨龄、预测成年身高并结合病史能帮助诊断；原发性矮小症、家族遗传性矮小症骨龄正常，预测成年身高值较低，但家族遗传性矮小症

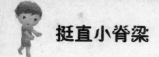
患儿的成年身高预测值在遗传高度范围内；宫内发育迟缓骨龄偏低，成年身高也矮，结合病史，幼儿期即可诊断，体质性青春期发育迟缓症骨龄落后，骨龄与身高年龄基本一致，成年身高预测值并不低。

70．我的每年"长速"

我已经快上高中了，可是我觉得自己不怎么长个了。记得上小学的时候每次排座位我都排在最后一排，到了初中，我每年都排到第三排，现在快上高中了，我反而跑到第二排了。眼看着同学们一个个都长高了，我心里真是着急啊！

有一次和同学吵嘴，同学说："你逞什么能啊？初一的时候你是比我高，可是现在我比你高出多少啊？你算过吗？还在我面前逞能！"我听了很不舒服，虽然明明是自己在理，还是不想跟他继续争吵下去了。心里发虚，被人揭短的感觉很不好受。

可是，我该怎么做呢？

妈妈说，我从小就不是一个矮个的孩子，因此她一直为我的身高而自豪。可是，为何突然出现这种情况呢？妈妈一直觉得是我学习压力过大，因此也经常带我出去散心。可是，即使这么做了，依然改变不了我长速慢的事实。难道，小时候大个子，现在要变成小个子吗？

为了不错过我的关键期发育，妈妈带我去做了详细的检查。医生要求妈妈总结一下我每年的长速。妈妈很迷惑，这些有什么作用吗？妈妈一直以来也没有怎么关注过。只是在她印象里，11岁之前，我的身高是非常超群的！11岁之后就开始缓慢生长了。

医生说，可能是因为我的骨龄偏大，骨骺要闭合了，所以长速就慢了，这种情况，如果还需要长高，可以借助一些药物和治疗了。我心里不知道是该高兴还是该失望，高兴自己还有救，失望自己靠药物长高是不是对身体不好？也有点疑惑，如果大家都能靠药物长高，岂不都是高个子了？看着妈妈迷惑的神色，我想妈妈肯定和我想的一样！

贴心的话

关注孩子的身高发育，要密切关注孩子每年的增长速度，还要和同龄孩子相比较，同时要关注孩子自身衣裤的大小变化。如果4~11岁的孩子平均每年增高在5厘米以下，家长要及时寻求正规医疗机构医生的指导、帮助。专家特别提醒，足月产的孩子如果小于2.5公斤，将来10%的概率个子会长不高，因此家长一定要密切关注，2岁之前一定要让孩子的身高赶上正常标准。

父母容易忽略的就是，孩子猛长一段时间后，开始缓慢生长。一般表现为，女孩在8岁前、男孩在10岁前突然提前加速生长，比同龄、同性别的小朋友高出1/3或超出6厘米以上。这样的孩子往往是骨龄偏大，生长周期短，骨骺提前闭合，致使孩子长不高。

专家提醒

在生长发育过程中，不管是因为什么原因，为了骨骼的发育和身高的增长，以下几点都必须要做好：

1. 要将早饭吃好：有些青少年因为自身偏胖，便不想吃饭，以此减肥。殊不知，这种做法是非常要不得的。不管你是胖还是瘦，早饭都一定要吃。在西方人眼里，早饭是真正的正餐。吃早餐对身体活力和骨骼的发育都很有帮助。

2. 要少吃零食：零食如糖果、巧克力、花生等，大多数都含有高热量，这些物质对体内的钙质没有什么好处，反而增加体内脂肪的积累。因此，要少吃或者不吃。

3. 良好的习惯要坚持，心里要有长高的愿望：至于长高的药物，最好不要吃。如果特别需要，要选择正规机构开的方子。

71. 我那可爱的鞋子

最近班里几个班花都买了一种鞋子，那鞋子很美，厚厚的鞋底，像雪糕一样，而且一层一层的，粉粉嫩嫩的很招人喜欢。我无比喜欢那鞋子上的彩色鞋带，长长的，软软的，可以打出很多漂亮的蝴蝶结来！

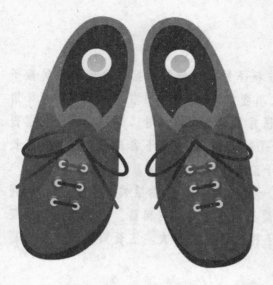

回到家，我很想说服妈妈也买一双给我。当我用语言描述出那鞋子的样子时，遭到了爸爸的强烈反对，他说："你一个才上五年级的孩子，穿厚厚鞋底的鞋子干嘛呀？"我感到特别委屈："干嘛不能穿呢？我们班上那些同学不都是穿着这种鞋子吗？他们能穿，为啥我就不能穿了？"爸爸严声厉色地说："我说不能穿，就是不能穿！"我很生气："老古董，老顽固！"然后跑回自己的房间里，偷偷地流泪。我真的太喜欢那鞋子了！

有一天上体育课，老师让我们练习跑步和跳远。我没有想到的是，跑步的时候那几个女同学都请假了，老师不准许他们请假。她们只好跑步，但是都跑在了最后。接着跳远，其中一个同学还把脚扭了，坐在那哭泣。

回到家，我告诉妈妈这些的时候。妈妈说："不要觉得人家那些表面上漂亮的鞋子可爱，你的这双朴实的鞋子才是最可爱的，因为它穿在脚上很适合你，也最舒服。"听了妈妈的话，我终于不再为那双看似漂亮的鞋子生气了。

 贴心的话

童鞋除了要求美观、舒适之外，更重要的是要有利于儿童生长发育，健康成长。一旦童鞋含有有害物质，后果不堪设想，所以选购童鞋一定要适合孩子的脚形，鞋跟不应超过两厘米。鞋子过大，不仅会影响孩子的正常活动，而且会妨碍孩子走路的正确姿势。鞋子太小，会影响孩子脚部肌肉和韧带的发育，脚趾受挤压，还容易发生畸形。

不同年龄阶段的儿童具有不同的步态特点，因此需要在选购童鞋的标准上作出适当调整，以满足孩子的生长需要。其实选购童鞋与选择童装一样，不光要外形美观，穿着舒适，更要有利于孩子的发育和健康成长，符合孩子脚部生长发育规律和生理特点。总体上以舒适、轻便、透气为原则，此外颜色、图案

相应活泼鲜亮，符合充满童趣的孩童心里。

童鞋的材质以布质为佳，忌购皮鞋。因为脚部有丰富的神经和血管，皮鞋较硬，会压迫局部神经血管，影响脚趾、脚掌的生长发育，严重者会造成脚部畸形。而且皮鞋透气性差，易引起脚气。布鞋轻便、舒适、透气好，有利于儿童活动和脚部发育。

若一定要选择皮制鞋，则尽量选择皮面柔软、透气性良好的真皮鞋。可选择以羊皮、棉布为鞋面，猪皮或棉布为里料的鞋，而不要选择皮革或塑胶成分制成的鞋子，以免损伤孩子脚部稚嫩的皮肤。

72. 突发事件时冷静的心态

上周，我们刚学习了交通安全法则和救护法则，我在家和爸爸复习了一遍，就开心地喊奶奶去买早点。这次我想和奶奶一起去，正好可以将自己刚学过的交通安全法则运用在马路上。

我拉着奶奶的手，不停地说："红灯停，绿灯行。"然后说，"当我们过马路的时候，要左右两边看一看，然后再走过去。"我的话还没有说完，就发现一辆闯红灯的轿车！轿车正凶猛地向我们冲过来！奶奶当时为了保护我，一把将我推开了！可是，自己却倒下了。

我当时吓傻了，只见司机下了车，看到腿上满是鲜血的奶奶，想伸手去抱奶奶去医院。就在这个时候，我突然想起来昨天在学校里学过的交通安全常

识里说，如果人受伤了，不能随便搬动，因为随便的搬动会给人造成更大的伤害，应该叫救护车。于是，我赶紧对司机叔叔说："叔叔，你赶紧喊救护车吧！"叔叔顿时冷静了下来，他赶紧打电话喊了救护车。

后来，经过医生的诊断，奶奶脊椎骨折了，左腿也骨折了。医生说："幸好当时没有人搬动伤者，要不，后果就很严重了，很可能断裂的骨头会刺伤动脉血管，如果造成大出血，会危及生命。"

听了医生的话，我们都一身冷汗，在突如其来的交通事故中，懂得一些急救知识还是非常重要的。我当时及时制止了司机的错误救助行为，不仅保护了奶奶的生命安全，而且也学会了冷静处理突发事件。

自己独自外出，如果不幸被车辆撞伤，发现自己受伤流血，应先撕下衣服或布条扎紧伤口止血，然后请人拨打急救电话并报警；若是伤口不大，但却异常疼痛，有可能是骨折，这时应拒绝他人搬动自己，以防骨头扎伤动脉。

近年来，我国发生多起交通工具着火事件。这些事件一旦发生，往往都是大事。而在逃生的过程中，如果方式运用不当，也很容易受伤，或者发生骨折事件。我们要懂得，如果遇到车辆起火，被困车中时应首先保持镇定，听从乘务员的指挥。若坐在邻近窗口处，可以在车辆停下来后，用窗口的逃生锤砸碎车窗玻璃逃生。若是车内烟雾浓重，应用衣物浸水或直接用棉织品浸水掩住口鼻，避免吸入浓烟，然后再伺机逃生。

在乘坐交通工具时，有时会遇到司机突然踩急刹车。这时要立即抓住一个牢固的物体，防止被抛出车厢外，同时要低下头，让下巴贴在胸前，这样可以防止胸部受到撞击。

73．我和牛奶是好朋友

我妈妈有着雪白的肌肤，很多人羡慕不已。妈妈说，她的秘诀在于每天将牛奶当水喝。我受妈妈的影响，也爱上了喝牛奶。妈妈说，目前我们家消耗最大的就是牛奶了！

后来我一个同学听说我喜欢喝牛奶，便醋酸酸地说："我终于明白你为什么长这么高了，你是因为牛奶喝多了，充起来的！"我听了那个气愤啊！这话怎么说的呢？什么叫牛奶喝多了充起来的？你也充一个试试？

回到家，我依然很气愤，跟妈妈调侃，现在的人心态怎么这么不平和呢。妈妈在了解了原因后大笑起来，跟我说："牛奶说不准真的是你长高的原因呢，因为牛奶含有很高的钙质，对你的身体肯定是有好处的，特别是骨骼的发育。"

我笑着说："可是，喝牛奶也要看年龄吧，即使他现在开始喝，估计也没有我高了。因为他都16岁了，还有几年长头啊？"然后我大笑。其实，我只是为了排遣内心的不平而已，宣泄一下也就好了，至于说什么别的，那都是次要的。关键是我喜欢牛奶，它就如同我的好朋友一般，一天不见就想得慌。它同时能给我的身体带来好处，那更是妙不可言了。

除此之外，我的妈妈很擅长用牛奶做吃的。比如我最爱吃的蛋奶，妈妈先将鸡蛋煮熟，去掉蛋壳、蛋白，用勺子将蛋黄研碎，加入牛奶充分混合即可。我无比喜欢这个味道，妈妈说我只有几个月的时候就这么吃过，蛋黄除含有蛋白质、脂肪、维生素A外，还含有铁、磷等物质，能为我补充钙质。

贴心的话

喝牛奶确实对骨骼的发育很有帮助，同时也可以拥有美丽的肌肤。要想增高，除了喝牛奶之外，最重要的应该多吃含蛋白质，尤其是含有"氨基酸"的食物，如：面粉、小麦胚芽、豆类、虾、螃蟹、贝类、海藻、牛肉、鸡肉、肝脏、猪腿肉、蛋、牛奶、乳酪及深色蔬菜等。反之，白米、糯米、甜点等食品则应尽量不吃。可乐与果汁也少喝为妙，因为其中所含的糖分多，会阻碍钙质的吸收，吃多了会影响骨骼的发育。此外，盐也是增高的大敌，必须养成少吃盐的习惯。

 专家提醒

从营养价值上讲，乳汁是哺乳动物出生后唯一的食物。新鲜乳汁不仅含有其他食物所含的全部营养，还含有其他食物所没有的生物活性物质（有人称之为"命脉素"），所以中国有句俗语："金水银水不如奶水"。

市场上那么多牛奶，应该如何选择呢？

最推荐的是低温奶，即巴氏杀菌奶。它是在62～75℃条件下将牛奶中的有害微生物杀死，保留了对人体有利的细菌和营养物质。但低温奶不易保存。如果没有时间每天逛超市，需要在周末把一周的牛奶买出来，那就要推荐常温奶了，它是超高温灭菌奶。通过高温灭菌技术将牛奶中的细菌全部杀死，营养不如低温奶，但可长时间保存。

如果是给老人和孩子吃，最好选择高钙奶。因为他们需要更多的钙。对于普通成年人则无此必要，牛奶中所含的钙已足够多了，每天喝300克牛奶可获得约300毫克钙，加上其他食物中的钙，基本能够满足正常成年人的需要。消化不良的病人、老年人和儿童适合喝酸奶，它易于吸收，促进消化。

74．亲近大自然，让骨骼轻松成长

妈妈的养育方式让我爱上大自然，我喜欢在大自然里奔跑和跳跃。妈妈说，在大自然里，享受阳光的同时，可以强壮我们的骨骼。我自信，自己拥有一副强壮的体格。但是，自从我上学之后，我就很少像小时候那么痛快地奔跑和跳跃了。

最近我们班里组织了一个活动，我哼着歌儿和老师一起走进了大自然！我和同学们顶着阳光，沿着小路奋力地、小心翼翼地攀爬着。小路的两旁，绿油油的小草好像在迎着我们，向我们招手。草丛中，偶尔钻出几只小虫，有的睡在草叶上晒太阳，有的在茎杆上四处乱爬，像在忙碌地工作、觅食，还有的还扑扇翅膀唱着歌，炫耀自己的风采。

来到小河边，我和同学们一起捉蝌蚪玩，我们抓了好多蝌蚪。然后，又快乐地将小蝌蚪送回它们的家，那个美丽的小池塘。我们好开心啊，互相鼓励

着。后来，我们见到了青蛙，那绿色的小身体和满是力量的双腿，给我们带来无限美好的想象。

时间眨眼过去了，我们带着亲近大自然的快乐，带着恋恋不舍的心情回到了学校。

回到家跟妈妈提起这个美妙的行程，妈妈很感慨地说："你小时候妈妈也经常带你出去玩，给你松松筋骨，让你快点长大。如今你长大了，妈妈却忘记了经常带你出去玩。"爸爸说，以后要坚持定期带我出去玩，这样有利于成长。我太开心了，我真的觉得自己的小骨骼在噼里啪啦地成长起来了！

贴心的话

要接触大自然，未必非要长途跋涉，专程去一个山清水秀的风景区才算达到目的。这样不仅父母吃不消，孩子也辛苦。大可以善用条件，因地制宜，在身边的小环境里寻找一个微缩的大自然。例如，小区的花园，对于见多识广的父母来说，虽然谈不上什么风景，但对于孩子来说，这个小花园也是一个大观园了，花草树木、蓝天白云，一应俱全。如果在小区花园里转得乏味了，离家比较近的广场、绿地或公园也是很好的认识大自然的场所。

专家提醒

轻松的心情、舒适的环境，确实对孩子的成长更加有利。不在户外的时候，是不是就不能和大自然亲密接触呢？动一动脑筋，父母还可以把大自然带回家。可以时常在家里插一些新鲜花束，也可以在阳台上种植一些绿色植物，养几条金鱼。买回来的蔬菜水果，甚至在海边捡到的贝壳、石头，都可以作为大自然的一个部分呈现在宝宝眼前。虽然家里面能够再现的大自然元素有限，但只要父母们肯动脑筋，完全可以在家里为孩子创造一个小小的自然角落。不过，一定要记得经常更新和增加这个角落里的元素哦！

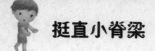
75．妈妈，我不要做"巨人"

今天是周末，我和几个同学约好了去游乐场玩，这是我一直非常向往的地方，小时候经常去，如今已经好久没有去了。我以为我会玩得很开心，可是，却非常不开心，非常之郁闷。

说起来，还与身高相关。

因为我的身高，我根本就没有进入游乐场里面，因为人家限定了孩子的身高，不能超过1米4，我已经155厘米了。因此，我就被安排在游乐场外面看包，同学们玩累了，一会让我帮他们买瓶水，一会让我帮他们买根香肠。第一次体会到为人父母的辛苦，因为此时，我就如同一个妈妈一样在照顾自己的孩子。

其实，我才刚刚8周岁，可是身高却已经155厘米了，很多见过我的人都问我是不是上初中了，很多同龄孩子的妈妈都羡慕我的身高，还问我有什么秘诀让自己长这么高。刚开始，我非常自豪，看着别的同学身高只到我的鼻子处，心里就有一种不可遏制的欣喜，总觉得自己给父母挣足了面子。可是，这几年，我的身高却渐渐带给我很多的烦恼。比如上周，老师要挑选一个小队，当时我特别想去，可是老师要求队伍里的孩子个头一致。于是，我被排除在外，因为我个头太高了，当时的我只能默默忍受这个小小的失落。

还有，春节的时候我曾经要求妈妈给我买那种蓬大的公主连衣裙，当妈妈说出8岁小孩穿的裙子时，商场里的售货员都拿出来好多漂亮的衣服。可是当妈妈说出我有155厘米的时候，售货员只好无可奈何地说"没有这么高孩子穿的公主裙"。后来，一直找了好长时间，也没有找到合适的裙子。

也曾经羡慕过那些高挑的模特，如今自己真的比同龄人高的时候，才深刻地体会到这样也有不好的地方。我该如何是好，我真的不喜欢做巨人。

贴心的话

我相信，大多数人和同学都是会羡慕故事里孩子的这种身高的，或许是因为遗传，或许是因为其他因素造成了如此高的身材。可是，这没有什么不好，关键是如何去权衡自己的得失。比如，不能参加舞蹈队了，说不准下次有独舞，就需要有比普通学生更高的身高呢。不能进游乐场玩，但是在游乐场外照顾玩的同学，帮他们买喝的、吃的，恰好团结了同学，互动了友谊。下次，如果你需要别的活动，也可以喊同学去帮助你。买不到可爱的衣服，可以去买适合自己的更有特点的衣服，穿出跟同学的不同。

2～12岁以后一般是年龄乘以7加上70厘米，但是一般这个标准上下10%的波动都是可以的。那么，8岁的孩子应该是126厘米左右。故事中的孩子已经155厘米了，确实很高！不过这个只要不是病态的，都没有问题，身高因人而异，成年后的身高差异还是非常明显的，因此完全不用太在意，而是如何去充分利用自己的身高优势。对于身高偏矮的同学，建议多吃蔬菜、优质蛋白食物、含钙和锌丰富的食物，防止偏食。保证休息时间和质量。多参加体育锻炼，如骑车、单杠、双杠等体育运动。

76．个子高的烦恼

我是一名女生，我的身高一直偏高，比同龄同学高出很多很多。如今我15岁，身高已经170厘米了。妈妈说，这个身高就行了，别再长了，再长就太高了。可是，才15岁的我还真说不好，说不定高中就窜到175厘米呢。有时候也有老师建议我长大去当模特，说我形象还可以，当模特应该不错。

可是，就在我为身高沾沾自喜的时候，我看到一则报道，当时就惊呆了。据英国《每日电讯报》报道，23岁的约瑟芬·吉米身高5英尺11英寸（约为1.8米）。当她在伦敦市中心登上一辆公共汽车时被司机责令下车。司机称吉米挡住了他的视线，并随后让一位身材较矮的妇女上车。

吉米这名模特我还是知道的，她14岁时开始当模特，曾上过英国天空电视台和独立电视台走秀。事发时，她正准备从伦敦赶往位于切尔西的家。吉米说："当时我觉得简直就是经历了一场噩梦，但现在我感到这件事十分滑稽可笑。最开始我以为司机是在开玩笑，但后来他就变得十分烦躁甚至生气，强迫我下车。"她还说："事情发生时整辆车都停止了运行，不过车上乘客都非常友善，都在替我说话。"然而固执的司机最终还是把吉米赶下了车。她补充

挺直小脊梁

说："我当时又震惊又困惑。我又不是巨人，我每天都乘公车上下班，我的身高从来没有受到过歧视。我不敢相信，他在我下车后让一个矮个子女人站到了我原先的位置。"

当然，报道的结尾也有写到，这位司机所在的伦敦公交联合会表示："我们应该向吉米小姐道歉。如果有可能，我们会对这位司机的行为进行处理。"可是我的心里却非常难过，如果我长大了，有人如此对我，我一定会很难过很难过！

有句话说得好：幸运不可能永远降临于一个人的头上，反倒是各种各样的困难时常陪伴左右。只有以坦然的心态面对一切困难，才不会让困难毁掉自己的意志，才有希望跳出困境的漩涡。那么，故事中的高个被人歧视，是不是一个很好的说明呢？首先，上帝给了她高挑的身材；其次，又要给她一个磨难。如果拥有良好的心态，这些算什么呢？不是什么事情、什么情况下都可以用强争的方式来达到目的。遇事退一步，成功反而可能进一步，这就是生活中的哲学。因此，建议个高的孩子看到自己的优势所在，不要被那些不快乐的事情纠缠于心。你想没想过，矮个的人也有很多的烦恼，可是我们并不是为烦恼而生。

每个人都有优点和缺点，关键是我们如何去对待。心态能够成就一个人，也能够毁掉一个人。

变通的心态：固执心态常让我们的思维囿于一角，片面地看问题、做决断，我们不能让固执赶走生命中不可多得的精彩，而应以变通的心态迎接一切变化。

老实的心态：很多人以张扬自我作为人际关系的准则，但是无一例外地因为由此而致的坏人缘毁了自己的生存空间，反倒是那些老实人的心态获得了好人缘，使他能够在人生的台阶上稳步攀升。

开明的心态：每个人的脑子里都有一些成见，这些成见会影响我们的心态，应学会用开明的心态看待事物，别轻易下结论，不被这些成见误事。

超越的心态：不妨遇事看开一点，该放手时就放手，以超然的心态去追求，方能品尝幸福的甘泉。

77．我的小骨骼是病吗

我是个瘦瘦小小的中学生，身高比班上别的同学都矮好多。但是我很聪明，每次考试都排全班前三名，因此我从来没有觉得自己比别人少什么，我的优越感不在身高上，而在学习上，老师也经常说："浓缩的就是精华。"我很为这句话感到自豪。

至于我父母，他们也不是很在乎我的身高，可能是因为他们都是小骨骼，个头也不高的缘故吧。我们一直觉得没有什么不正常的。

可是那天，因为一些小事，我和同学发生了口角之争。我是不善言谈的学生，不善于和同学之间有口角之分。可能是因为我学习成绩好，老师在劝说的过程中，多多少少会偏向我一些。那名同学万分恼恨，以至于出了办公室就给我一拳头。我说："你怎么可以打人？"他说："我就打你了，怎么着？你这么小的个子，难道还能打过我？你要是告诉了老师，我立马再给你一拳头，你总不能靠老师保护你吧？"我听了心里很难过，个子小怎么了？就要受你欺负吗？

后来，那名同学背后说我有病，是因为疾病才让我长得那么瘦小而且个矮。我听了非常难过，可是他说得头头是道，什么我们全家都是小骨骼，都长不高，这是一种遗传性疾病，脊椎、大腿骨骼长不长。

回想起我从小每次体检，身高都不能达到正常标准，妈妈说虽然不达标，但是每个人都有自己的规律，只要孩子状态好，食欲好，大小高低都没有什么。是这样吗？

贴心的话

小儿生长发育虽然是有一定规律的，但是在一定范围内受到多种因素的影响，存在较大的个体差异，所以正常值不是绝对的，要考虑个体不同的影响因素，才能判断是否正常。妈妈的话是正确的，只要孩子一般状态较好，食欲好，大小便正常，生长发育正常。没有疾病，就说明孩子是正常的。故事中的那个同学，明显是在打击报复，如果你在意就告诉给老师，如果不在意，就任凭他去说，你可以丝毫不受影响，时间长了，大家自然就明白了。

对于小骨架、小身材的孩子来讲，多数是遗传造成的。小儿生长发育的特征、潜力、趋向、限度等都受到父母双方遗传因素的影响，一般来说，高个子父母所生宝宝的身高比矮个子父母所生的同龄宝宝身高要高一些。

如果父母双方都不属于瘦小型的，则要考虑到营养和疾病了。营养是影响孩子生长发育的重要因素之一，充足和调配合理的营养是孩子生长发育的物质基础，如营养不足会导致孩子体重不增甚至下降，最终也会影响身高的增长和身体其他各系统的功能，如免疫功能、内分泌功能、神经调节功能等，而且年龄越小，影响越大。所以要科学地处理好荤素搭配、粗细粮搭配、动植物蛋白搭配、注意合理地使用油脂和糖类，产生一个均衡的膳食结构。

疾病对孩子生长发育的影响也十分明显，急性感染常使体重不增或减轻，慢性感染则同时影响体重和身高的增长，内分泌疾病常引起骨骼生长和神经系统发育迟缓，先天性疾病对孩子体格发育和智力发育都会产生明显的影响。

78．身高也男女有别吗

我是一名男孩，隔壁邻居家有个女孩，我们俩是同一天出生的，从小一起长大，一起上学。妈妈说，我从小就比那个女孩子高很多，至于原因，双方父母都觉得我是男孩的缘故。在很多体检报告中，男孩确实比女孩高一些。

可是这个暑假，迟迟不见这个女孩子出来玩。过了足足2个星期后，终于见到她了。原来她妈妈带他去体检了，结果不是很理想。这个女孩子很懊恼地告诉我："体检医生说我长高的可能性不是很大了，你说我爸爸妈妈都这么高，为啥我就长不高呢？"我问："医生怎么说？"他说："医生说我长期饮食不健康，又长时间看电视，缺乏运动，还使用成人护肤品，而且已经快15岁了，骨龄也快闭合了，想长高的可能性不是很大了。"

看着昔日好友变成如今模样，我心里特别难过。我爸爸妈妈都不高，但是她说的这些不良习惯我都没有。我记得双方父母都曾经说，有的孩子晚长，有的孩子早长，他们觉得我是属于早长，那个女孩子是属于晚长类型。因此，我也曾觉得她的身高不是问题。可是，为何会如此呢？就没有办法挽救了吗？

爸爸说，在身高的问题上，男女是有别的。15岁的女孩子长高的可能性不大了，但是15岁的男孩子才刚刚开始。

贴心的话

对于女孩子，家长尤其不能寄希望于晚长。由于男孩和女孩的性别特征、生长期长短不同等原因，对男孩、女孩的身高问题不能一视同仁，应有针对性地制订不同的帮助方案。专家提醒家长最好在早期要预防孩子早熟，正常情况下女童6～9岁期间，男童8～10岁期间，如果身高低于同龄孩子平均身高的15%左右，家长就应该及时配合医生采取干预措施。

孩子长高的程度是与骨骼发育状况（即骨龄）相关的，而不是取决于实际年龄，因此家长不能寄希望于孩子晚长个儿，也不应顺其自然，更不能病急乱投医。首先应带孩子到专业机构检测，测身高，判断骨龄，排除疾病，评估成长的潜力，然后在专家的指导下，找出影响孩子成长的不良因素，培养良好的生活习惯，通过营养、运动、睡眠、情绪等个性化的综合调理，促进孩子成长。

专家提醒

研究证实，孩子的骨骼一旦完全闭合，就意味着身高终止增长，所以孩子最佳的长高时间只有短短几年，家长不应有"等待"的心理，如果发现正处在发育中的孩子一年内生长得很慢（只有2～3厘米）或者出现停长，就要赶快想办法找原因，做调整。观察证实，对于骨骺接近闭合的孩子，由于椎间软骨仍有伸缩余地，通过拉伸脊柱的各种锻炼，使胸、腰椎得到充分舒展，可使身高在原有的基础上明显增长，所以一定不要轻易放弃机会。

专家指出，家长不能盲目寄希望于"晚长"，应及早调整孩子的饮食及生活习惯，及早采取干预措施以免错过最佳生长期。有些洗发液可能会影响男孩子的身高，蜂蜜会让女孩子早熟，不同的食品或用品会给不同的孩子带来发育阻碍，帮助孩子生长男孩和女孩需要不同的方案！

79．我的长个故事

我考上了省城有名的重点高中，疯玩了一个暑假后，我背上书包去上学了。初到学校，老师要排座位。我很自觉地站在第一个。从小学到初中，我都已经习惯了自己个头矮，虽然妈妈很多次告诉我："你随妈妈，妈妈上学时还不如你呢，小学一年级到初三毕业，妈妈就没坐过第二座！"这个对我来讲，也是事实，我有时都怀疑自己是不是得了侏儒症，幸亏当时没有地下，否则这第一座都轮不到我。

可是，没有想到，就在我进入高中大门第一天，就在我主动站在第一位的时候，一位白头发老师突然走到我的面前，瞪着大大的眼睛说："你这么高站这干嘛，后边去！"我好生纳闷，回头看看，奇怪，她们怎么都比我还矮啊！这下可好，刷新历史记录，一下子坐到第五座。

回想起上初中的样子，小个的我，长着一张娃娃脸，白白的，胖胖的，甚是可爱，怎么看也看不出是中学生，倒像是三四年级的小学生，只有后背那大大的书包，略显得沉重而不协调。那个时候，我们一排四个同学，喜欢叽叽喳喳说个没完，别看个子矮小，嗓门可个个洪亮，比唱高音的歌唱家还富有实力，当时，我们四个是我们班上有名的"四小矮女"，我们以声音高而著名。

怎么也没有想过，身材矮小的我，竟然在疯玩了一个暑假后长高了。妈妈欣慰地说："是骨骼发育了，你的青春期比别人迟一些，随我。"

贴心的话

影响儿童生长发育的因素大致可分为内在因素和外在因素两大类。遗传是很重要的内在因素。小儿生长发育的特征、潜力等受到父母的种族、身材、外部体征的影响，遗传性疾病无论是染色体的畸变或是代谢缺陷都对生长发育产生影响。每个人的体质不同，一般女儿的体质随妈妈，如果妈妈当年是晚长类型，女儿有可能也属于晚长。所以，遵循大自然的规律，尊重骨骼的自然发育，不要刻意为之，只要健康、快乐，高矮又有什么关系呢？

专家提醒

为了确保孩子的健康和骨骼的正常发育，我们建议孩子出生后到婴幼儿期能得到定期的体检，以监测他们的生长发育是否正常。初为父母的家长也非常关注孩子的变化，2~3岁后，家长的关注力就开始转移，对其智力的发育及对其常见病的关注，分散了家长对孩子生长的注意力。在门诊中很少有家长能讲出自己孩子2岁后的身高变化。面对孩子的成长，很多家长并没有关注这些变化，反而是"有苗不愁长"、"孩子早长晚长总会长"等俗话让父母放松了警惕。

80. 钙能让我长高多少

一个暑假不见，同桌女孩竟然比我高出了半头。仔细询问之下，她告诉我，她这个夏天一直在补钙。

回到家，我也要求妈妈给我补钙，能长得快一些。可是妈妈说："怎么可能？你又不缺钙，补充那么多钙干吗呀，那不是自寻烦恼吗？"我说："可是，我同桌补充后就长了好多。"妈妈坚定地说："这个跟钙一定没有多大的关系，而且不缺钙的情况下还补充钙，会给身体带来负担的。"

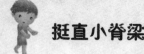

挺直小脊梁

我现在的情况是每天500毫升牛奶，零食吃点小鱼片和蛋类等含钙丰富的食物。妈妈还每天给我准备新鲜的深色蔬菜和应季水果，妈妈说这样就足够了。真的如此吗？那为什么同桌长了那么多，而我丝毫不动呢？是不是钙片比食物更好吸收呢？

后来一次班会，妈妈见到了我同桌的妈妈，她们在一起研究了好久。之后妈妈告诉我："你同桌吃钙片是因为他体内缺钙，你不缺，所以你就不用吃。"我听了挺不服气的，不是还有人说钙吃多了也没关系吗，身体需要多少，余下的就自动排出来吗？如果那样的话，为啥我不能吃呢？

所以，我想吃点钙，或许真的能长高一些呢？

吃钙片和增高没多大关系，身体长高是因为体内分泌生长激素，其过程是骨膜不断分裂形成骨细胞，而使骨骼生长，若是骨骼已经停止生长，再分泌生长激素和补钙都没有多大效果。看还有没有生长的可能，可以拍手腕X线片，估算骨龄，若是骨龄比实际年龄轻，骨还没有闭合，就还有生长的可能。建议尽快去检查，因为一般情况你这年龄正是长身体的时候。

对于缺钙的人群来讲，补充钙质对骨骼的发育肯定是有帮助的。人体不能在体内自动生成钙，只能通过摄入相关营养元素在体内合成，且人体内的钙质又在不断流失，人体出汗、排泄以及疾病创伤等都会流失大量的钙。所以，补钙并不是某一类人群的事情，是每个人都应该坚持做的事情。

现代人在户外晒太阳的时间减少，摄入蔬菜量过少，过多饮用碳酸饮料等，这些都是不利于钙质吸收的生活习惯。微量元素在人体内处于相对平衡的状态，一旦其中之一补充过量，就会打破这种平衡，容易导致其他营养成分的缺失，形成营养上的不均衡。钙同铁和锌等微量元素一样，都属于二价离子，过多地补充钙质，只会造成体内二价离子过于饱和，影响铁、锌等其他二价离子的吸收，反之道理相同，这也是造成一些孩子"越补越缺"的原因。

因此，不管是否补钙，都要提倡营养均衡。有的家长用虾皮为孩子补钙，也没有什么不可以的，只是虾皮的盐分过高，对孩子的肾脏不好，要多加水来稀释。如果选用骨头汤，最好使用砂锅慢慢熬制1~2个小时来代替高压锅，以避免钙质溶解流失。再加点醋，效果会更好，因为醋的酸味会随熬制的过程挥发掉，不会影响骨汤的口感，却可以将钙质从骨头中"吸"出来，这样熬出来的骨头汤，才能达到真正的补钙目的。

81. 吃鱼油能变强壮吗

我叔叔家的孩子长得很高，而我却很矮。爷爷说这个是遗传，因为我爸爸不高，而我叔叔却很高。我特别不服气，问爷爷："那为什么，同样是遗传，叔叔很高，我爸爸却很矮呢？"对此，爷爷也说不出个所以然来。我总结说："一定是爸爸小时候没吃到好吃的，好吃的都给叔叔吃了。"爷爷无语，奶奶笑着说："跟这个关系还真不大。"

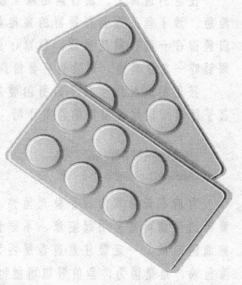

可是，我发现我妈妈和我婶子在喂养我们的观点上是不一样的。

比如我的妈妈就不提倡给我吃什么额外的东西，特别是保健品之类。而叔叔家的孩子就吃，比如鱼油。我一直暗示我妈妈，是不是给我吃点鱼油我就可以长高了，再或者，我即使长不高，也会变得更强壮了？

妈妈说，完全没有必要，多吃点鱼就行了，所谓的鱼油，不就是从鱼身上提取出来的吗？可是，如果是那样，为啥还有同学或者亲戚家的孩子在吃鱼油呢？他们的父母都是愚蠢的吗？我就不信了，我非常想让妈妈给我买点，这样我就强壮了！

对于大点的孩子，可能有些家长就不怎么关心其营养问题了。但是，孩子长大后依然会挑食，不爱吃饭。此时，需要父母精心安排他们的饮食，除了给他们准备充足的奶外，还需要为他们的饮食安排不同种类的必需脂肪酸。因此，不是吃鱼就能解决很多问题。煎、炸、烹、炒最好用菜籽油或豆油，拌凉菜则用核桃油或橄榄油，这样孩子可以接触到更多不同种类的脂肪酸，对他们的成长是有帮助的。

在鱼的选择上，油性鱼是欧米茄3脂肪的优质来源，包括大马哈鱼、鲭鱼、鳟鱼、沙丁鱼、鳗鱼和新鲜的金枪鱼，可以给孩子每周吃一两次。把油性鱼和白鱼掺在一起，做成鱼糕、鱼饼，很多孩子都会很喜欢吃。如果能保证孩子每周都吃一次这类鱼，则没有必要给孩子吃鱼油。

孩子的成长除了孩子自身的要求之外，还需要考虑多方面的因素，定期为孩子体检可以起到很好的监督作用。

有的家长喜欢为孩子补充鱼油，但要注意鱼油的种类和食入的量，比如胶囊类的鱼油可能会引起窒息，不适合孩子，液体类是最理想的。在为孩子选择鱼油的时候，一定要注意查看是否为从鱼肉（而不是鱼的肝脏）中提炼的高纯度鱼油，这是因为，鱼的肝脏可能包含毒素或维生素A的含量异常得高。

有时，为了掩盖腥味，有些补充剂把鱼油和月见草油混在一起，还增加了柠檬和香草等多种口味。如果孩子觉得鱼油不好吃，也可以把它掺在牛奶和果汁里。鱼油一定要在吃饭时间吃，开始的时候剂量要小一些，比如头一周每天吃一小勺，如果孩子能够适应，再增加到每天2~3小勺。目前还没有鱼油不良反应的记录和报告。

82．睡一觉能长3厘米吗

昨天早晨我给妹妹量身高，测量的数字吓了我一跳，足足比前天晚上姥姥给她量的高出了3厘米！我皱着眉头想着：难道睡一觉就能长这么高吗？那一年以后的身高……简直不堪设想。

这个问题令我百思不得其解，于是打开电脑，查了一番。原来，早上比晚上个头高并不代表长个了。其实我们的身高在一天当中并不是一成不变的，经过白天的劳累，睡觉前身高达到最低，等一觉醒来，身高就会达到最高。这是因为在我们看似静止不动的时候，身体里占体重百分之九十的水分却安静下来，它们在夜晚如同被放飞的鸟儿一样，分散到身体各个部分，使组成我们脊柱的各个关节脊椎骨中间隔着的软骨盘的体积膨胀起来，脊柱就变长了，人自然就"长高"了。

事实上，睡眠对骨骼的发育有着重要的作用。我们的脑垂体在睡眠过程中产生生长激素，控制骨骼和肌肉的生长。处于成长阶段的我们需要睡眠10小时左右的时间，但真正对骨骼起作用的不是全部10小时，而是它们当中几个小时的"深度睡眠"时间。值得一提的是，深度睡眠通常只会出现在前半夜，所以，如果保证规律性的、充足的睡眠时间，我们身体里的生长激素就会更加丰富，骨骼也可以得到更多的营养。

其实长不长高并不重要，只是与睡眠息息相关而已，所说"一瞑大一寸"。如果想拥有一个自己满意的身高，就开始享受睡眠的快乐吧。

贴心的话

家长们总是催促孩子早些睡觉，这是为什么呢？充足与高质量的睡眠除了能够恢复体力、保持精力充沛外，对儿童而言最重要的便是促进长高。充足的睡眠有助于人体的长高，在人睡眠后会产生一种生长激素，能够大大促进骨骼生长。

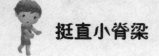

科学的睡眠方式是增高方法中最健康的一种，尤其是刚出生的孩子，家长应从小正确引导，帮其养成良好的生活方式，按时入睡。睡眠是维持人类生理功能正常运行的一项必需的活动。充足、高质量的睡眠不仅能够恢复体力、保持精力充沛，还能促进骨骼生长，有利于长高。

首先，与人类身体长高关系最为密切的激素——生长激素在睡眠时分泌最多。生长激素促进组织中蛋白质的合成，增加细胞的体积和数量，促进机体生长。它还能促进长骨的骺软骨细胞增生，加速骨与软骨的生长。生长激素一般于晚上十点至凌晨两点达到分泌高峰，睡得越熟的人分泌越多。因此，充足的睡眠能够大大促进生长激素的分泌，促进长高。

其次，白天人大部分时间处于站立状态，上身重量全部压于下肢骨骼上。睡觉时，身体处于平躺状态，下肢骨骼从白天的重压力下解放出来，加上生长激素的大量分泌，血液中的生长激素含量骤增，对长高非常有利。

所以，调节孩子的生物钟，从小养成良好的睡眠习惯，能帮助其长高。

83. 个子矮的烦恼

我已经是个五年级的小学生了，可个子并不高，原因就是常常偏食挑食，小个子可给我的生活带来了不少烦恼。

妈妈也经常因为吃饭而教育我。这不今天妈妈特地为我做了红烧鱼，可是我一点也不感兴趣。我嘟着嘴，拿起筷子随便扒拉几口饭。妈妈看见我吃得一点都不香，很生气，对着我大声说："怪不得你一直长不高，什么东西也不好好吃，长身体需要多种营养，每种食物里的营养都不同，人体都需要。可是你呢，看到自己喜欢吃的才吃，不喜欢吃的一口不沾，这怎么能长高啊。"听了妈妈的话，我硬着头皮又吃两口。

还有一次，是一个星期天，爸爸妈妈带我去公园玩，公园的游乐场有很多人，热闹的声音此起彼伏。我也兴奋极了，看见什么都想试一试。这时我看见过山车，看着它像一条巨龙一样翻腾飞舞，只想坐上去感受一下。于是，我高兴地拉着爸爸妈妈去玩过山车，工作人员说："小朋友，你身高还没有1米4，不能玩这种危险游戏。"我听了后，气愤极了！爸爸也无奈地对我说："这下让你挑食，不吃这个，不吃那个，个子长不高，连过山车都不能玩。"我心里也难受极了，心想，以后还是好好吃饭吧，争取长个大高个，就没有这么多烦恼了。

暴饮暴食、挑食、偏食等不良的饮食习惯，严重影响青少年儿童的健康成长，从而影响身高增加，这已获得大量研究和实验的证实。常常会有矮小孩子的家长说："孩子一旦碰着本身喜好吃的饭菜就风卷残云，大吃大喝，一闻见洋葱就恶心，不好好吃饭。"有的家长说："孩子历来不吃蔬菜，嘴可馋了，只吃红烧肉，无肉不欢。"有的孩子常常吃汉堡包、薯条，就是不吃大米、面条。这些都会影响身体的长高。

有统计显示，挑食、偏食现象在青少年中很普遍，约有60%的孩子或多或少存在挑食或偏食的倾向。这对孩子的成长发育很不好，因为每种营养素都对人体的成长发育有着不可或缺的效用，每种食物中都有它奇特的营养成分。只有食物的多样化才能使各类营养成分起到互补的效用，偏爱某种食物或抛弃某种食物最终造成身体严重的营养失衡，从而影响孩子身高的增加，而造成身材矮小。

有的孩子碰着好吃的就胃口大开，碰着不喜好吃的就一口不吃，暴食以后又感到吃得太饱，乃至出现不适，长此以往胃肠道功能就会紊乱。孩子风卷残云时，食物常常没有经过有效的咀嚼就进入胃肠道，会增加胃肠道的负担，影

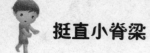

响食物的消化吸收。这些因素都是阻碍孩子身高增加的"拦路虎"。

84．我的身高——自卑啊！

唉！一提起我的身高，就只有两个字——自卑！为啥哩？因为今年我已是一个13岁的女孩了，可我的身高才一米四左右。这也带来了许多令我尴尬的事。

我有一个同班同学，我们每天一起上学、一起回家，是形影不离的好朋友。她与我同岁，而且还比我小几个月。但是，她的身高却已经达到一米五六，我们俩一起往那儿一站——哦，简直是一个天一个地。每天走在放学路上，别人都以为是姐姐拉着妹妹呢。有很多人就会说："你看，那个姐姐多乖多懂事啊，知道照顾妹妹。"你说这可不可悲呀。邻居们也常拿我矮小的个头开玩笑说："丹丹，这13年来饭都给你白吃了，都吃到哪儿了，怎么老不见长啊？"虽然每次我总是嬉皮笑脸地说："谁叫我妈把我生得这么矮！"总之我会找许许多多的借口替自己逃脱。可我的心里还是不免会伤感……

其实，个子不高真的不能怪我。我的爸爸妈妈都是矮个子，生出的我个子能高的了吗？都说身高是父母遗传的，事实也确实如此。你看我们班的李磊，他的爸爸是运动员，他的个子在我们学校都是数一数二的。虽然我从小也经常参加运动，妈妈也给我特意买了钙片，给我补钙，就是为了让我能长高一点。可是结果却不尽如人意。看来遗传的力量真是强大啊。

遗传对于身高的影响是众所周知的，而且占有很大的比例。虽然人类还不能完全解读遗传的秘密，但是在身高这个方面，遗传是起着绝对作用的。家族的遗传会直接影响宝宝成年后的身高。看一看父母的身高、体型，评估一下孩子的生长发育状况，大概就能够知道他成年后的身高了。

一般来讲，父母较高者，子女也较高；父母较矮者，子女也较矮。据此，子女的身高可用下列公式计算：儿子成年身高（厘米）＝（父身高＋母身高）除以2乘以1.08；女儿成年身高（厘米）＝（父身高乘以0.923＋母身高）除以2。

专家提醒

虽然遗传因素对身高有影响，但是并不是说在父母双方都不高的情况下，孩子也一定不高。在决定身高的因素中，后天的环境条件占到了三分之二。而后天的营养条件中，赖氨酸、钙、锌等核心营养又是关键中的关键。绝大多数的中国爸爸妈妈认为多吃鸡、鸭、鱼、肉就能充分地补充宝宝所需的营养了。其实人体所需的主要能量是从碳水化合物中获取的。在保证量的同时，还要注意饮食的合理搭配及多样化，比如：荤素搭配、粗细搭配，要让宝宝不挑食、不偏食、少吃零食。

同时，如果你在饮食，运动上都没有问题，但还是偏矮，那也没有什么可以抱怨和遗憾的，保持良好的心态，比什么都重要。

85．多吃水果蔬菜也能长高

我的身高，成为我成长中的一大烦恼。现在已经四年级的我，在我们班是最矮的一个。每次排队，我都不得不排在最后。每次开学老师都会调换座位，而我毫无疑问总是坐第一排，同学们都开玩笑地叫我"袖珍小人"。可是我却一点都不喜欢这个名字，我盼望着有一天能长高。

妈妈也很为我的个子烦恼，为了能让我长得快点、高点，总是想尽一切办法。听别人说每天喝牛奶能长高。于是妈妈每天给我预订了鲜牛奶，早晨起

来和晚上睡觉前都让我喝一杯牛奶，否则不能睡觉。虽然每天喝牛奶我都喝得想吐了，但是为了长高的梦想，我还是硬着头皮把牛奶喝下去了。还有一次，妈妈听说要想长高就要每天多吃有营养的东西，于是妈妈每天给我变着花样做饭，什么鸡肉、鱼肉，餐桌上的饭菜总是很丰盛。可是一个月下来，我的个子倒没见长高，肚子却鼓起来了。一量体重，增加了不少。

有一次无意中看到报纸上写着"吃水果蔬菜也能长高"，这个标题一下就吸引了我的眼球。心里想，吃水果蔬菜怎么会长高呢？平常妈妈总会说多吃点鸡肉、鱼肉，多补充营养就会长高的。带着这个疑问我去看这篇文章，看完了我才明白：原来很多蔬菜中的营养素也有益增高，人的生长发育需要不同的营养，不是只有肉类食物才能帮助身体长高。

在挑选蔬菜水果时，应注意挑选应季水果。"不时不食"，如果不是应季食物，它就没有那个季节的特性，它的营养价值就会因此而改变。但是，在发达地区的居民已经被反季节蔬菜和水果所包围，而且已经没法再离开它们了。每当北方的寒冷冬季来临，大地一片荒凉，从11月到第二年3月，几乎没有其他新鲜蔬菜了。冬春季节人体的维生素C、胡萝卜素、维生素B_2等营养素的供应由食物摄取普遍不足。靠腌菜来维持生活，又增加了亚硝酸盐的摄入量，不利于饮食安全。

这种情况下，如果有可能的话，优先选择本地出产的农产品。本地产品不仅成熟度好，营养价值损失小，而且不需要用保鲜剂处理，污染较小，运输费用、包装费用、冷藏费用等也较低。反季节水果并不一定是用药物加工造成的，对采用无公害食品规定栽培的反季节水果大可不必顾忌，但是用药催熟的水果，就会有问题。

人体长高需要营养，一些蔬菜和水果可以帮助长高，那么吃什么蔬菜水果能长高，怎么才能长高？

1．高钙蔬菜(每百克鲜菜中含钙量大于200毫克)：黄花苜蓿(草头)、荠菜、萝卜缨、雪里红。

2．富钙蔬菜(钙含量每百克100~200毫克)：蛇瓜、青苋菜(青米苋)、塌菜、红苋菜(红米苋)、落葵(紫角叶)、油菜苔、小茴香、孢子甘蓝、芫荽(香菜)等。

3．含镁蔬菜：红米苋、韭菜、茄子、萝卜、荠菜、胡萝卜、小葱、黑木耳、香菜、梅干菜及北方豆腐等。

4．含镁水果：葡萄、香蕉、柠檬、橘子等。

86．我是男生为什么我比她矮

今天在英语课上，老师让同学用"taller（更高的）"和"shorter（更矮的）"造句。我的同桌站起来说："I'm taller than zhangxuan（我比张轩高）"。全班同学不禁哄堂大笑，我心里懊恼极了，我是一个男生，我的同桌是个女生，但是确实我比她还低。她站起来足足比我高了半个脑袋。我是个堂堂的男子汉，竟然还没有女生个子高，你说丢人不丢人。就连我的好哥们也不由地摇摇头，说道："悲哀，悲哀……"

其实，我的个子一直都是中等，虽然算不上高个，但也不是很矮。但是现在，班里的很多女生竟然都超过了我。以前我经常被老师排到最后几排，但是现在每次随着开学后老师的重新调整座位，我都会往前移动，现在可好，终于坐在老师眼皮底下的"宝座"。

还记得有一次，舅妈带我到亲戚家串门儿。中午，大家都坐在饭桌前吃饭。"你今年几岁了？"阿姨突然问我，使我措手不及。我支支吾吾地说不出话，面颊顿时发烫，只顾埋头吃饭。舅妈说："他今年11岁了。"话音未落，我感到周围的空气凝固在了一起。随后，坐在我对面的一位不相识的姐姐几乎惊叫了起来："什么？天哪！他已经11岁了，我还以为他只有8岁呢！好多女孩都很高呢，真是令人不可思议！"那一刹那，我感到凝固的空气又聚成冰，冰又被大火燃烧着。我的心里真不是滋味。我心想：要是地上有个洞该多好啊，我非一头钻进去不可……

唉！真是烦恼，为什么我的个子这么低呢？什么时候我能长成大高个让他们看看呢？

 贴心的话

文中的小主人其实没必要因为自己的身高比女孩低而烦恼，因为这是正常的生理发育过程，女孩的发育比男孩要早。看看身边很多同龄的男孩可能都比女孩要低一些。当男孩的生长期到来之后，女孩可能已经发育得差不多了，到时候，身高自然就比女孩子高了。

专家提醒

女孩的发育一般比男孩早两年，这是青春期的发育规律，大约从10岁就开始生长速度增快。而男孩大约要12岁才开始。当女孩发育后，她们的身高、体重迅速超过男孩，但这种现象是暂时的。到12岁左右，男孩生长速度增快，1～2年后即达到增长高峰，而此时女孩的生长速度已开始进入缓慢阶段，所以到14岁左右的男孩，身高、体重可能超过女孩。

由于男孩停止生长的时间较晚，整个生长期较长，并且男孩在生长突增期间增长的幅度较大，所以男女间的差别越来越大。到成年时，男性的身高、体重明显大于女性，形成显著的性别差异。

男女的骨骼、肌肉和脂肪在质、量以及分布上都有一定差异。女性骨骼一般比男性轻20%。女性骨骼的骨皮质较薄，骨密度较小，上肢骨和下肢骨都比男性短，导致女性身材较男性矮小。女性脂肪比较丰富，其重量大约占体重的28%，而男性脂肪只占体重的18%。在青春期生长突增过程中，女孩的脂肪量一直在缓慢地增长，突增高峰后，在激素的作用下，女孩脂肪增加的速度大大加快，脂肪主要分布在腰部、臀部、大腿部以及乳房等处，使体态显得丰满。

男性由于在骨骼、肌肉发育方面具有优势，所以一般男性的体力好、劲儿大，能承受较重的体力劳动和较大的运动负荷。

87．影响身高的因素

身高是给别人的第一印象，挺拔的身姿和矮小的身材给人的印象是完全不同的。个高的人通常会比较自信，所以人人都希望拥有高大挺拔的身躯，让别

人心生羡慕。我也一样，每次看见高个子男生走过身边时，心里总想我什么时候也能长那么高就好了。

还有一次，妈妈带我去商场买衣服，一进商场，我就被一套新款的休闲服吸引住了。心想我穿上这套衣服一定很帅气又时尚，朋友们看见了，心里一定会羡慕我的。于是妈妈让售货员给我试穿一下。正当我幻想着穿上新衣服的漂亮模样时，没想到售货员上下打量我一番，对妈妈说："没有这个小朋友穿的号，最小的号他都穿不上。"听了售货员的话，我的热情仿佛一下子被水浇灭了。垂头丧气地跟着妈妈，再也没有心情看商场里琳琅满目的商品了。

其实我已经16岁了，为什么看上去还是小朋友模样呢？

记得小时候，我也一直不高，好久不见的朋友见面了，竟老远冲我喊："小不点，你今年是一米多点，还是一米一多点，是不是连我的脖子都碰不到啊！"每每听到这话，我总是又生气又羞惭，生气的是，我的朋友居然这样说我，我真是白交了这个朋友，惭愧的是，我的确连他的脖子也碰不到。

贴心的话

通常，我们使用简单的方式来预算身高：

男孩，把母亲的身高加上12厘米，父亲的身高保持不变，例如，一个男孩的妈妈身高160厘米，父亲身高188厘米，那么他将来的身高可能在172～188厘米之间。

女孩，从父亲的身高中减去12厘米，母亲的身高不变。还是上面的例子，假如是个女孩，她的身高很可能在160～175厘米之间。

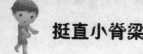

医学研究表明，80%的生长激素是在睡眠中产生的。

在每个人的生长发育过程中，长高的时间都不同，抓住自己突飞猛进的年龄是最好的方式。

人体长高是骨骼生长的结果。骨细胞由一变二，二变四，四变八，不停地分裂生长，从而带来骨骼的生长。医学上称这一过程为细胞增殖。人体生长的速度取决于细胞增殖的速度。我们都知道，人体生长的速度在不同时期是不同的。孩子5岁前生长速度最快，每年能长20厘米，到5岁时则稳定在每年6厘米左右。进入青春期则又加快到每年10厘米，其后增加就基本停止。这是为什么呢？科学家发现，细胞增殖的速度与生长激素密切相关，脑垂体分泌的生长激素越多，细胞增殖速度就越快。人体在不同时期分泌的生长激素不同，生长速度不同也就不足为奇了。

研究指出，人的高矮由多方面因素决定。例如家庭中孩子的数量，以及孩子出生的先后顺序都会影响到孩子的身高。父母的教育水平和从事的工作也影响孩子的身高，例如从事强脑力劳动的父母生育的孩子平均身高高于体力劳动者的后代；城市化进程也间接影响到孩子的身高，例如城市中的孩子成熟期早，且体格上优于农村的孩子，营养环境改善是其中一个重要因素。此外，父母生育孩子时的年龄也会影响孩子的身高。

88．为啥我怎么也长不高

我已经是一名高三的大男孩了，凭心而论，我长得非常帅气，而且学习成绩也很好。可是，我的个头不是很高。班上有很多男生都已经超过班主任了，看着他们神气的样子，我就自卑。为啥我长不了那么高呢？

我从小就懂得努力，为了考上这所省重点高中，我拼命地学习，经常熬夜。为此，妈妈经常给我补充营养，吃一些好吃的东西。可是，为啥我还是长不高呢？进入高中，看着比我高很多的同学，我心里压力很大，便转移自己的注意力到学习上去。依然熬夜学习，不怎么离开教室，但是我还是那么矮。

妈妈对此并没有什么怨言，她从来不说我矮。只是爸爸偶尔会说："为什么我们都不矮，孩子这么矮呢？"妈妈虽然不发表看法，但是她肯定也觉得我矮小。要不，她不会想着给我弄好多好吃的，给我买钙片等营养品来补充身体。一想到身高，我就有些自卑了。

很多次我问自己：为什么我怎么也长不高？难道我这辈子就这么高了？

形象好，学习好，嗓门也好，就是身高不行。班主任连升旗活动选升旗手都不选我，歌唱比赛我也被刷了下来。最关键的是，班级里选15名男生去跳军舞，也没有选我，因为要身高差不多高的。我现在觉得自己被抛弃了。

贴心的话

虽然人类至今还不能明白遗传的秘密，但在身高这一点上，遗传具有"绝对权利"。通常，我们看一看父母的身高、体型，评估一下孩子的生长发育状况，大概就能够知道他成年后的身高了。

大量的调查研究已经证实：个子矮的孩子所分泌的生长激素量远较正常孩子少，而且相当一部分孩子是由于夜间睡眠不足所致。由于孩子从儿童时期到青春前期，生长激素在睡眠时分泌旺盛，晚上9时至次日上午9时所分泌的生长素数量是白天12个小时的3倍，特别是在晚上9时入睡后的70分钟，可出现一个分泌高峰。有鉴于此，孩子不要熬夜。

专家提醒

一些专家研究发现，情绪障碍同样也能影响身高。如果一个孩子在家庭里感到压力，觉得自己被家长忽视或者过分关注，心里就会产生压力，身高也

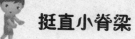
会受到影响。国外称这类矮小者为情感遮断性身材过矮症，也有的资料称之为"爱情遮断综合征"。

情感遮断性身材过矮症的发生原因主要是下丘脑、垂体系统功能受情绪抑制，进而引起垂体的生长激素分泌减少。这样的孩子除身高较矮外，尚有智力发育较迟、多饮、多食、独语、多动、人际关系不协调等异常行为。

情感遮断性的小儿一般睡眠不踏实，缺乏安全感，有时在梦中喊醒、哭醒等，这些情况会影响睡眠质量。而儿童的生长激素只有在深睡期和熟睡期才分泌旺盛，因此说，睡眠不安、易惊醒的孩子，生长激素的分泌就有可能受到很大的抑制，这也是孩子长不高的重要原因之一。

89. 我中了长高的"邪"

上小学三年级的时候我一米二，排在班级的第一排，和老师的讲台桌紧紧相连。当时我们称为靠近老师"宝座"的神奇桌子。三年过去了，我上了初一，在三年里从一米二长到了一米七，我也从靠近老师的"宝座"转到最后一排。虽然我做到了最后一排，但是我也很高兴，因为这说明我长高了。

然而，长高后的我并没有多开心和高兴，反而增加了很多烦恼。比如，以前一起玩得好的小伙伴，不怎么经常和我一起玩了。她们依然那么矮，我却长高了，她们跟我在一起会有压力，因此不怎么找我玩了，我特别伤心。其次，以前自己喜欢的衣服，已经买不到我的号了。有好多次，我和妈妈兴高采烈地到商店里买衣服，营业员阿姨看看我，然后摇摇头，说："这小女孩个子怎么长这么高，这件衣服最大号她也未必穿得下。"原来我的身高早就脱离童装的感觉了，但是我压根就不喜欢那些成熟的衣服。

妈妈对阿姨说："她今年才13岁，以前也很矮，不知怎么，像中了邪似的，拼命往上长，可能是傻丫头，傻长个吧。"听了这话，我气得板着脸，嘟着嘴，眼睛瞪着妈妈，心里不是个滋味。就这样，我和妈妈一连跑了几家店都没有我穿的衣服，我开始抱怨起来，也没有心情再去别家店，垂头丧气地回家了。

个子矮的时候，很多人说我灵活，说我聪明；现在个子高了，我不仅要失去好朋友，还要被说成"傻长个子"，这是为啥呀？

贴心的话

简·爱里有一句话："我贫穷、低微、不美丽，但当我们的灵魂走进坟墓时，我们都是一样的。"青少年朋友，不管遇到怎样的处境，都要学会放飞自己的心情，在自由的天空中尽情遨游。何必在乎别人怎么说。故事中的小姑娘矮的时候嫌弃自己矮，高的时候又增加了这么多烦恼，这是何必呢？同学感到压力了，就需要你的多多关照，力求挽回友情。身高改变了，没有自己喜欢风格的童装了，尝试下别的风格，也未尝不可，何必非拴在一根绳子上呢？该改变的时候还是改变一下好。

专家提醒

其实女孩子穿的特别一点挺好看的，随着身高的增长，女孩子应该有自己的审美观点了。不一定拘泥于以前的那种童装风格，很多韩版服装还是很适合搭配出可爱风的。对于这种身高，又想打扮得可爱的女生，尽量不要选用白色或强烈、鲜艳、暖色的服装，也不宜穿上深下浅的服装，不宜穿色彩过浅过亮的裙子、裤子，用色太纯、太暖、太亮易使面积扩大。下身着装最好采用深色、冷色和简单款式，这样能使臀部显小，腿部显得纤细，并使人减少对腿部的注意。

90. 做体操能长高吗

班上有几个同学不爱做广播体操，其实我也不喜欢。我总觉得做广播体操超级没有意思。那么多人，站在那，比划比划，结束了走人，有什么好玩的。

一开始，有几个同学不去做广播体操，老师没有怎么去管理，以至于我也

挺直小脊梁

不想去做，班上更多的同学不去做广播体操。老师发怒了，将我们堵在教室里。后来我想了个办法，躲到厕所里去，哈哈，老师怎么也想不到我会躲避在厕所里吧？可是，我还是被发现了。老师语重心长地说："做广播体操是为了你自己好，你却不做，真是让人操心。"我问："做广播体操有什么好处？"老师说："好处可多了，说得直白一些，做广播体操能使你长得更高一些。你看咱们班上坚持做操的，是不是都很高？"

我一下愣住了。我是偏矮，可是，这跟做操有什么关系吗？

班里有个同学父母双方都是医生，他就坚持做广播体操，他说广播体操能使身体各部分的关节、肌肉、韧带都得到锻炼。增加了氧气和养料的需求，加快了呼吸、脉搏和血液循环，从而促进人体的新陈代谢、提高各器官的功能。通过伸展等多种连贯性的运动能促进血液循环，使血流重新分配，同时松弛大脑神经，调节眼疲劳，对机体的生长发育产生积极的作用。

后来，在老师、家长和同学的帮助下，我开始由被动做操变成了主动做操，并积极参加集体活动。同时，还练习一些别的体操。因为我越来越认识到，积极参与体育活动能使自己性格开朗、心情愉快，能使我保持良好的精神状态。至于能不能长高，那都不重要了。

 **贴心的话**

广播体操具有趣味性和时代性，体操的结构和动作风格引入和模仿了游泳、武术、保龄球、射箭、健美操、踢毽等运动的基本动作，赋予时代感，增加活力，提高了锻炼效果，同时有助于青少年长个子。

广播体操能增强脏腑的功能，促进代谢，加速增高。同时，广播体操有利于大肠的调节，减少有害物质的积累，使人体精力旺盛。在做操的过程中，在动感的节奏中，同学们心情愉快，利于各种激素的分泌，促进生长发育。专家建议，对处于生长发育期的青少年来说，适当地做些广播体操对长高有很大的帮助。

专家提醒

参加体育锻炼对长高有帮助，广播体操也是一种运动，而且是在学校规定的固定时间、固定场所进行的，还有音乐的陪伴，应该是不错的选择。对于想长高的青少年朋友来讲，除了坚持每日的广播体操之外，还要做好全面的护理，从饮食、睡眠、情绪方面做好调理。如果出现身材矮小的症状，千万不要等，一定要去正规的医院进行诊断治疗，在医生的指导下，找出病因，制订合理的增高方法，不要错过了最佳的长高时机。

91．想要增高，了解骨骺线最重要

今天吃完晚饭后，坐在沙发上和爸爸妈妈一起看电视。在换台时，忽然看到有一个节目"想要增高，了解骨骺线很重要"，这个节目引起了我们全家人的兴趣，不由地吸引我们看下去。

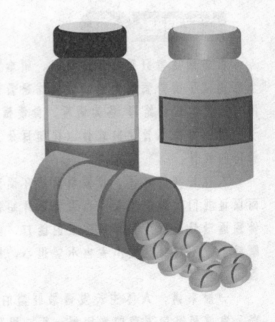

主持人说道，现在的家长都千方百计地想办法，不惜一切代价让孩子长高、再长高。殊不知，想要长高也有科学的规律可循。如果盲目地吃各种保健品、营养品，甚至是增高药，都有可能适得其反。接下来一个真实的案例证明了这一点。小林现在15岁，但是身高只有一米四，而且经过骨科专家检测，骨骺线已经闭合，没有长高

的可能了。其实小林在儿童期并不比同龄的孩子低，但是家长为了能让小林长得更高，总是给小林吃各种补品。最后发现，这些补品不仅没有起到应有的效果，小林的身高反而比同龄人低。这是为什么呢？医院的医生给出了答案：过多的营养品使得小林的骨骺线过早闭合，而不能继续长高。

骨骺线？这是什么呢？以前没有听说过。看完节目才知道，原来骨骺线是影响人体长高的重要因素。我们在青春发育期后，如果骨骺线闭合了，就不会再长高了，长骨不再长了，就是腿、胳膊不再变长。

我终于恍然大悟，看来营养品也不能随便吃。

之所以人们有二十三窜一窜的说法，是因为我们可以通过非长骨的组织来长高一些，尤其是脊椎变长，包括骨和骨间组织。骨骺线模糊表示要闭合了，但是下肢的闭合会比上肢晚一些。男生会比女生晚一些。一定要加强锻炼和营养，锻炼是良性刺激，会使骨头更努力地生长，而营养保证了原料的供给。

很多增高者只是盲目地增高，根本对增高没有一点概念，想要增高，第一步就得从了解骨骺线开始。骨骺线是骨骺板的截面影像。长骨干骺端与骨骺之间有一盘状软骨结构，称为骺板，骨骺板本身是一层软骨，是软骨的一种，不同于一般的终身不骨化的软骨（比如耳朵、鼻子上的软骨），它是随着生长逐渐骨化的软骨。

人在长高的时候，骨骺板虽然在逐渐骨化，但是本身并不变少（薄），从而保证我们长骨的生长。当青春期开始发育一段时间后，随着性激素的分泌，骨骺逐渐骨化后没有继续生长的能力，全部骨化完，也就不再有生长的空间和原料了。不过身材矮小者也不要担心，只要你抓住了要领，增高的空间还是等着你的。

一般来讲，人体生长发育最旺盛的时期是青春发育期，女孩子在12~13岁，也就是乳房发育的半年到一年；男孩子是在14~15岁，是在变声后的一年左右，增高专家研究证明，这个时期青少年的骨骺线也处在扩张状态。如果发现骨骺线已经闭合或者骨骺线已快要闭合，就要抓紧时间，延迟骨骺线的闭合，使自己赶紧长高。

92．增高瑜伽不可信

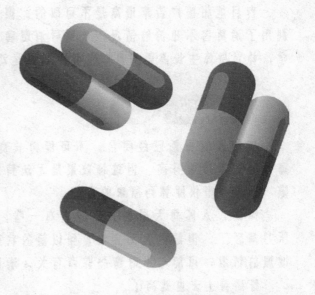

我长得不高，妈妈建议我练习增高瑜伽。她带我到专门练习的健身房去，本来这里是成人的场所，没想到还有跟我差不多的孩子在那练习，都是被想让孩子长高的父母"牵"进来的。

我因为太懒，所以跟妈妈说最近学习比较紧张，我算算有没有时间再说。

后来，我无意中在"记者调查"栏目中看到关于增高瑜伽的调查。有消费者称，她在网上看到一些网站在宣传增高瑜伽，只要买光碟回家练习，就可以增高3～6厘米。根据消费者提供的线索，记者打开百度网页搜寻了一番，发现关于增高瑜伽的推荐、介绍不下百种，有的网站还搭配出售增高胶囊。一些瑜伽馆也打出了增高瑜伽的项目，并且同样宣称能够增高。

练瑜伽能让人增高，真让人意想不到。记者为此专门拨打了网站的免费咨询电话。工作人员介绍道，人体长年生活在引力下，骨骼和关节间软骨都受到压缩，盆骨胯骨对腿部也有压力，另外还有其他的一些隐藏身高以及身体的异常弯曲等，而这些压缩的骨骼间隙正是可以拉伸增高的地方。瑜伽的纵向运动有助于恢复被压缩的身高，一段时间练习后，恢复到最佳身高，会比练习前高3～6厘米，这并非是骨头发育变长，但又确实是真实的增高。同时，该人员表示，未成年人练习增高瑜伽更好，应为处于生长发育期的孩子，练习增高瑜伽有助于刺激骨骼，达到更好的效果。

最后，记者就这些问题请教了有关专家。其实，瑜伽并不能够真正起到增高的作用，即使把身体拉长了也不会持久。同时，未成年人尽量不要练习增高瑜伽，盲目拉伸对身体没有好处。

盲目地相信广告来增高是不可取的，很多广告夸大效果、无中生有，正是利用了消费者不知情的情况，来诱导消费者进行消费。要想增高还是要相信科学，补充身体生长需要的各种营养、多做运动等。

成年人的骨骺已经闭合，不可能再长高，增高瑜伽说可以通过伸展、扩宽骨间隙来增加身高，但这种效果是无法持久的。因为借外力牵引来扩宽骨间隙，身高会很快反弹到原来的高度。

同时，人体每天早上会比晚上高一些，这主要是因为晚上睡觉后承受的压力减轻了，但是白天又会恢复到以前的状态。而针对有些人反映练习后身高增加的情况，可能与平时弯腰驼背有关，瑜伽纠正了这些不良的姿势，人挺拔了，身高看上去也就高了。

而且，未成年人更不宜练习增高瑜伽，因为未成年人的骨关节间隙本来就比成年人宽，盲目拉伸没有好处。身高与遗传、营养、运动、环境、内分泌等多种因素有关，身材矮小者应树立良好的信心，均衡营养，加强锻炼，不要盲目追求增高。

93．溜冰摔了一下腰

我是一名爱动的男生，从小练就一身"工夫"。我喜欢自吹自擂，在同学面前显摆。正是如此，我上高一的时候就因为溜冰把腰摔了，摔得很重，当时认为身体好，没什么（腰部、脊椎骨两边痛），肯定过一段时间就好了。但是，当时恢复了四五个月才完全好。

到高二上学期，期中考试刚过，我那爱玩的心又上来了，跟几个同学一起打篮球，可能是运动量比较大、比较剧烈，我平时喜欢练练三脚猫功夫，然后又痛了一两周，暑假又慢慢好了点（基本不痛），但没好彻底。

然后，高三来了！可能是我什么时候又摔了，没注意，又痛了，剧痛，严重影响我的学习和生活，躺在床上就随着心跳一下一下的痛得很厉害，半夜都要痛醒很多次，腰部只要有点弯曲就会剧痛（只有脊椎两边的经脉痛，脊椎和其他地方都不痛）。

后来，我去照了X线片，从下往上第四块脊椎成梭形变，医生说没啥问题，好好静养就行了，叫我不要久坐，睡硬床（因为在读书，天天都坐，学校的床一点也不平）。中医还建议我接受按摩，按摩的时候按摩师说我痛的地方里面经脉有点僵硬，在按摩时很痛，一点都不舒服。这是怎么回事呢？难道摔了一下腰，就再也好不了了吗？

贴心的话

爱动的男同学容易受伤是可以理解的，故事中的孩子照了X线片，也排除了脊椎错位的可能，那么应该是老伤。配合按摩的同时可以用云南白药膏敷贴试试，看症状有没有改善。没有改善的话及时停用。伤到的地方应该有瘀堵，化开就好了。要注意不要熬夜，按时休息，并注意保暖也很重要。"按摩师说我痛的地方里面经脉有点僵硬，在按摩时很痛，一点都不舒服。"有堵的地方要按摩通为止，痛是肯定的，看是不是下一次去按摩时会好一点。若你找的是有资历的中医按摩师，应该不会是手法问题。手法不对按摩会越来越痛。隔一两天按摩一次，痛得越来越轻，应该是好转。

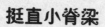

溜冰应注意安全问题，尤其是街头溜冰者。这个运动应该在一个场地内进行，而不是在公路上。要以安全第一为主，溜冰者都戴有护具：头盔、护手、护腕、护脚，起码把安全隐患降到最低。在场上都要求带上这些，另外我们不主张在公路上，或在车多人多的地方溜冰，建议在一个集中的教学场地上溜，这样就杜绝了安全隐患问题。

同时，溜冰者还要学会自我保护，当要向前或向侧摔倒时，要主动屈膝下蹲，用双手撑地缓冲，减小摔倒的力量；向后摔倒时，也要主动屈膝下蹲，降低重心，尽量让臀部先坐下，同时低头团身，避免头部向后仰磕地；摔倒时应尽量避免直臂单手撑地。如果自己过于疲劳，也不要溜冰。

94．一根跳绳的故事

我喜欢踢毽子、跑步等各种运动，但我最喜欢跳绳。有一次，我好不容易把作业写完了，走出来做做运动，我手拿一根绳子，一会练习跳双飞，一会练习单脚跳，一会又跑着跳，我觉得好玩极了！

这么玩了一会，我就觉得浑身热乎乎的，跳绳对心脏功能有良好的促进作用，它可以让血液获得更多的氧气，使心血管系统保持强壮和健康。跳绳的减肥作用也是十分显著的，它可以强健身体，消除腿部、臀部、腰部的多余脂肪，使动作敏捷、稳定身体的重心，并能使全身肌肉匀称有力。

平时下课了，我们几个同学拿着跳绳来到校园，边跳边数，欢声笑语充满了校园。

跳绳让我赶走了疲劳。每当我写作业感到很累时，我就拿出绳子跳起来。有一次，我在家里做作业，做得头昏眼花。我想到了跳绳，于是就从书包里拿出绳子，带到楼下。我两手握着绳子的两端，双臂挥动起来，绳子像彩环一样飞舞起来，小辫子随着节奏在我肩头飞舞。我轻轻一抬腿，绳子就从我脚下一闪而过，我跳得飞快，轻如飞燕……跳着，跳着，我的头脑清醒了，舒服极了。

跳绳可以帮我去除烦恼。有一次，考试考得很不理想，我心里很难受，都想哭了，可是我看见书包里的绳子，它好像在说："快来！快来！我很好玩的。"我拿出绳子开始跳，我一边跳一边数，渐渐地，我的烦恼被抛到九霄云外了。

跳绳可以给我带来快乐，可以帮我赶走疲劳和烦恼。

贴心的话

跳绳特别适宜在气温较低的季节作为健身运动，而且对女性尤为适宜。从运动量来说，持续跳绳10分钟与慢跑30分钟或跳健身舞20分钟相差无几，可谓耗时少、耗能大的有氧运动。经国内外专家研究，跳绳对心脏功能有良好的促进作用，它可以让血液获得更多的氧气，使心血管系统保持强壮和健康。

跳绳的减肥作用也是十分显著的，并且跳绳能增强人体心血管、呼吸和神经系统的功能。

专家提醒

跳绳能促进人体组织器官发育，有益于身心健康，强身健体，开发智力，丰富生活，提高整体素质。跳绳时的全身运动及手握绳对拇指穴位的刺激，会大大增强脑细胞的活力，提高思维和想象力，因此跳绳也是健脑的最佳选择。研究证实，跳绳是全身运动，人体各个器官和肌肉以及神经系统同时受到锻炼和发展，所以长期跳绳可以防治疾病，如肥胖、失眠、关节炎、神经痛等症状。

医学专家认为，跳绳训练人的弹跳、速度、平衡、耐力和爆发力，同时可培养准确性、灵活性、协调性，以及顽强的意志和奋发向上的精神。跳绳可以预防诸如糖尿病、关节炎、肥胖症、骨质疏松、高血压、肌肉萎缩、高血脂、失眠症、抑郁症、更年期综合征等多种疾病。对哺乳期和绝经期妇女来说，跳

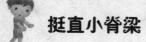

绳还兼有放松情绪的积极作用，因而也有利于女性的心理健康。

95．我的长高故事

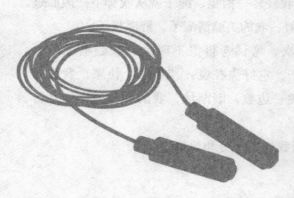

我是一名很矮很矮的男孩，同学们都喊我"矮南瓜"。姐姐的朋友们都喜欢拍拍我的头说："嗨，小可爱。"

其实我不喜欢自己个子小，我问妈妈："为什么我长不高呢？"妈妈说："你坚持每顿吃点蛋白质食物就能很快长高。"于是，我吃了整整一个月的蛋白质，吃鸡肉、奶酪和烤豆子。我还每天喝八杯牛奶，因为有许多蛋白质在里头。可是，我还是没有长高。爸爸说："多做运动，常常拉胳膊和腿，这样，你很快就会长高的。"于是，我又开始健身运动了，我每天上学前都会在花园里跑步、跳绳，爸爸还帮我做了一部特别的伸展机器，每天上学前，都会用它来拉胳膊和腿。

可是，似乎我还是没有长高。姐姐说："睡觉，你看我那么爱睡觉，我长得多高啊！"于是，睡觉时间一到，我就乖乖上床去睡觉了，绝不拖拖拉拉的。可是又三个星期过去了，我似乎还是没有长高。

我问老师："到底我怎么做才会长高呢？"老师说："读书吧，爱读书就慢慢会长高。做很多算术，这样，你很快就会长高的。"于是，我很认真地学习，还努力做算术，我用手指、脚趾、楼梯、玩具熊和梨子来数数。

后来我发现，我好像还是没有长高，因为同学们还是比我高。再后来，一次体检中，我发现我竟然长高了不少，心里真是开心。接着，学期考试，我考了前五名，又是一个惊喜。

 贴心的话

个头高可以无形中增加人的自信，个头矮的同学与其变得不自信，不如寻

148

找理由让自己自信起来，内心的高才是最重要的。只有内心高的孩子，才是真正快乐的孩子！

同时，将一项运动列入自己的兴趣爱好中，运动的好处多多。简单地说，能够增进食欲、促进睡眠，给予骨骼一定程度纵向压力的运动对长高都有益。具体地说有慢跑、跳绳、跳舞、打篮球以及打排球等。但是篮球和排球选手中有许多儿童原来身材就很高，如果你仅仅为了长高，让根本不喜欢这些运动的孩子去从事这些运动的话，就错了。因为情绪的安定对长高也很重要，所以要让您的孩子选择自己喜欢的运动。

儿童的生长少不了充足的营养、适量的运动和简单的忽视。运动不足的孩子白天没有食欲，晚上睡不着。运动本身就能促进生长激素的分泌。它能使人熟睡，不说你也知道这样就能促进生长激素的分泌了。身体充分的运动后，食欲能够增加、晚上能够熟睡。到了早晨还能头脑清醒地自然起床，早餐吃香吃饱之后以良好的姿态开始新的一天。对于身材矮小的孩子，除了坚持以上几个原则外，还需要忽视自己的身高，那样可以减轻心理压力，提升自信度。

但是，过度消耗体力的激烈运动还是让身体已经停止增长的高中生从事比较好。骨骼的发育一定程度上来自纵向的压力，但是过强的压力（过度练习举重等）反而让骨骼在纵向难以生长。

96. 我的运动让我美

在我1岁半的时候，妈妈为我买了个跳床，家庭版的。当时的我还不会跳呢。在我2岁的时候，才能很好地跳跃了。后来，我超级喜欢跳。妈妈说，正是因为跳跃，让我有了现在的身高。

我不是一名矮女生。我的父母都不高，但是妈妈说，跳跃是对身高很有帮助的运动。除了在跳床上跳之外，我还喜欢跳绳。妈妈自己也跳，据说法国健身专家莫克专门为女性健身者设计了一种"跳绳渐进计划"。初学时，仅在原地跳1分钟，3天后即可连续跳3分钟，3个月后可连续跳上10分钟，半年后每天可实行"系列跳",如每次连跳3分钟,共5次,直到一次连续跳上半小时。一次跳半小时,就相当于慢跑90分钟的运动量,已是标准的有氧健身运动。

对于我来讲,跳跃是我喜欢的家庭运动,每天坚持跳一会,能把学习压力全部甩光光。而跳绳则在某种程度上加强了我的友谊。比如,在学校里,我有时玩单人跳,有时玩双人跳,有时还玩多人跳。在跳跃中,加强了彼此的沟通和友情,也能形成一定的纪律性。比如,要轮流玩,谁输了就要下来等。

妈妈虽然不高,但是身材保持得很好,我已经12岁了,可是很多人都觉得妈妈像没有生育过一样。

我希望自己像妈妈一样,不一定要非常高的身体,但是线条一定要美。而身材的美丽需要骨骼线条的美,这是妈妈的健身理念。

贴心的话

无论是跳跃运动还是跳绳,操作起来都非常简单,好处却多多,是一项适合大众的体育健身运动。中华医学会心血管病分会副主任胡大一教授曾为青少年的健身提供了一道良方,他呼吁在青少年中开展跳绳运动,因为它是对付肥胖,预防血脂异常、高血压最切实可行的方式,也是一个很好的锻炼耐力的有氧代谢运动。

而且跳绳就像游泳和骑脚踏车一样,一旦学会了,一辈子都不会忘记。跳绳花样繁多,可简可繁,随时可做,一学就会,因此成为现今在全世界流行的健身方法,加上越来越多的娱乐明星也把跳绳作为自己保持身材和锻炼身体的方法,更使得跳绳这一普普通通的活动成为了大众健身的明星。

专家提醒

跳绳对儿童身心健康和智力发展有以下诸多好处:能促进儿童健康发育,

跳绳能加快胃肠蠕动促进血液循环，促进机体的新陈代谢，有利于儿童健康成长；能确立儿童的数字概念，儿童跳绳时自跳自数，有助于他们把抽象的数字与实际事物联系起来，使其初步理解数字的实际含义与概念；能提高儿童的记忆能力，由于儿童在跳绳过程中不断地数数，使其大脑皮质处于兴奋状态，有助于其将抽象记忆转化为形象记忆；能促进儿童心灵手巧，人的机体在运动时会把信息反馈给大脑，从而刺激大脑进行积极思维，儿童跳绳时自跳自数，可以提高大脑的思维灵敏度和判断力，有助于儿童体力、智力和应变能力的协调发展；能培养儿童的平衡感和节奏感，跳绳时的动作可谓左右开弓，上下齐动，有助于儿童左脑和右脑平衡、协调地发展，还可以培养儿童的节奏感；能帮助儿童确立方位感和培养其整体意识。